資産家ドクター、貧困ドクター

不動産運用の
成功者と
金融のプロが
教える
医師のための
錬金術

西川晃司
NISHIKAWA KOJI

大山一也
OHYAMA KAZUYA

幻冬舎 MC

資産家ドクター、貧困ドクター

不動産運用の成功者と
金融のプロが教える
医師のための錬金術

はじめに

医者になってお金に困る——そんなことを考えたドクターは少ないでしょう。

厚生労働省の調査によると、２０１５年度の民間勤務医の平均年収は１５４４万円、一般診療所の開業医だと２９１４万円となっていますから、確かにお金に困るようには思えません。

しかし、あくまでもこの数字は〝平均〟です。誰もが同じように稼いでいるわけではありません。

私は年間数十人のドクターと会い、不動産と金融のコンサルティングを行っているのですが、痛感するのは、実際、医師の所得は今、完全に二極化しているということです。所得の高いドクターは「資産家ドクター」です。資産家ドクターとは、年収で１０００万円以上を稼ぎ、なおかつ資産運用などを通じて、将来を見据えた資産形成に余念のないドクターたちです。資産規模は、最低でも収入の10倍、つまり1億円を優に超えています。

一方、圧倒的に多いのは「貧困ドクター」で、大学の勤務医によくみられます。医局のドクターはほかの医師に比べて平均年収が低く、30代で600万～700万円程度です。高齢化が進む日本では医療費の削減が続いており、この先さらにこうした医師の収入が先細っていくことは明白です。加えて慢性的な人材不足、コンプライアンス強化など、医師への肉体的、精神的負荷は増大しています。私のまわりの医師たちも、口を揃えて「割に合わない」「どんなにがんばってもお金が貯まらない」などと嘆いています。

かといって他の手段で収入を得ようと思っても、忙しいなかで株やFXなど、おいそれと手を出しにくいでしょうし、逆に失敗すればそれこそマイナスです。となるとやっぱり貯金して置いておくか、と考えがちですが、今や銀行預金は「超」のつく低金利、インフレ率を考えれば、預けるほど損とも言えます。そうこうしているうちに、やがて結婚して子どもができると、教育費やら何やらで結局ほとんどお金がない、となります。さらに年齢とともに、幾つもアルバイトを掛け持つ体力がなくなれば、いよいよカツカツの「ど貧困ドクター」に転落しかねません。

ほとんどのドクターは大学を卒業後、いずれかの病院に研修医として就職し、過酷な労働や低所得時代を経験します。しかし、ようやく下積みを終え、ある程度「稼げる」ようになっても、預貯金ではお金を増やすことができず、一握りの出世組か、独立開業して成功する以外は、将来にわたる安定した資産を持つことはできないのです。

では、医師が「貧困ドクター」を脱し、「資産家ドクター」になるにはどうすればいいのでしょうか？

私は長年、不動産業を営むなかで、医師に向けた資産形成のお手伝いも行ってきました。最近では、医療法人の設立や独立支援まで、病院経営全般についても総合的にサポートしています。その経験から言えるのは、「医師」という属性を十分に活かせば「不動産」と「金融」によって、どんな医師でも数億円単位の資産をすぐに持つことができる、ということです。

そこで本書では、医師が資産形成をする上で最低限必要な不動産と金融の知識を紹介し、「レバレッジ」を使った不動産投資と具体的な運用方法などをできるだけわかりやすくまとめました。また、効果的な節税とその仕組みについても解説しています。本書にある方法を実行すれば、たとえ今が「貧困ドクター」だったとしても、ほんの1か月後には、資産数億円を持つ「資産家ドクター」へと転身できます。

本書によって多くのドクターが確実な資産形成を実現させて将来の不安を取り除き、プライベートな時間を十分に楽しみ、一層、本業に邁進できる物心両面の余裕、あるいは将来のクリニック開業の資金作りなど、忙しいドクターの一助となれば、著者としてこれに勝る喜びはありません。

大山一也

資産家ドクター、貧困ドクター　目次

第1章

「貧困医師《ドクター》」と「資産家医師《ドクター》」。完全に二極化する医師の収入——本業以外での資産形成が必須の時代

第2章

最初に押さえておきたい資産家医師《ドクター》になるための「資産運用」の基本

第3章

株、ＦＸ、投資信託は医師に不向き。「不動産投資」が最適である６つの理由

第4章 「区分」と「一棟」の同時所有。医師は融資でレバレッジを効かせた投資をせよ

第5章

「クリニック併設」「サ高住」「医療施設」……。医療と不動産を組み合わせた超高収益スキーム

第6章

不動産投資によって資産10億円を実現した「資産家医師《ドクター》」成功事例

第1章

「貧困医師《ドクター》」と「資産家医師《ドクター》」。完全に二極化する医師の収入——本業以外での資産形成が必須の時代

30代でも年収600万円台——ドクターの実情

「高収入な職業は?」と問われれば、真っ先に「医師」と答える人は多いはずです。一般的には弁護士や会計士といったプラチナ資格のなかでも、特に収入が多いというイメージがあるのではないでしょうか。

ところが、最近ではその実情は大きく異なります。私は年間数十人のドクターと面談し、不動産を中心とした金融コンサルティングを行っていますが、そこで痛感するのは、医師は今、完全に「低所得層」と「超富裕層」への二極化が進んでいるということです。

厚生労働省の「医療経済実態調査」によると、2014年度の民間病院の勤務医の平均年収は1544万円でした。サラリーマンの平均年収は35歳から39歳男性で502万円、40歳から44歳だと564万円ですから、やはり医師は高給取りと言えるかもしれません。

しかしながらサラリーマンと違い、医師は個人別の所得差があり過ぎます。サラリーマンは年功序列制度がなくなりつつあるとはいえ、同じ職種・年齢ならば、同程度の収入のはずです。一部の外資系企業などを除き、差があってもせいぜい2倍くらいでしょう。

一方で医師は、たとえば40代ならば年収６００万円程度から３０００万円超まで5倍以上の開きがあります。

私が知る限り低所得層、つまり「貧困ドクター」には大学病院の勤務医が多いようです。大学病院の存在意義は、臨床よりもどちらかといえば医師を育てることと医学の研究にあるため運営に多額の費用がかかります。その結果、医局のドクターは収入が平均よりも低めになっているケースが多いのです。

一般的な年収は講師で７００万円台、准教授で８００万円台、教授で１０００万円と言われていますが、超有名大学の医学部では独立後のブランドとなるため、これより薄給でも医師が集まると聞きます。

さらに大学院に入って博士号を取得するためには、授業料を支払わなければなりません。30歳を過ぎて家族を持ったことで給与だけではとても生活ができず、いくつものアルバイトを掛け持ちしている医師も大勢存在します。

かつては教授になればその権力によって製薬会社からの講演依頼などで副収入が望めましたが、自主規制が厳しくなった今はそれもありません。私の知っている大学病院の医師（30代）は、普段の生活をこのように語っています。

「年収は600万円台です。それでも生活に困るということはありません。なぜなら忙し過ぎてお金を使う時間がないからです。36時間労働なんて日常茶飯事ですし、食事は院内食堂か、時間がないときは買い置きのカップラーメンで済ませています。急いでいるので、何味のラーメンを食べたかさえ覚えていないことがほとんどです」

彼は週2回の当直勤務があり、当直明けは1日勤務が日常的になっていました。1週間の勤務時間は70時間近くに及びます。睡眠時間は通常でさえ1日4時間程度しかないのに、当直時は救急搬送に対応するためほとんど寝ることはありません。もう何年もぐっすり寝た記憶がないそうです。患者の容態が急変したら大変だからと、医師になってからは一度も趣味であった海外旅行をしなくなり、それどころか、せっかくの休日も携帯電話を手放せない状態だと言います。

「休日も患者さんの容態が気になってしまい、ぜんぜん休んだ気がしません。時給に換算すれば同世代のサラリーマンの半分以下じゃないでしょうか。もう我慢できないので、近々別の病院に転職するつもりです。それでいくらか収入は上がるはずですが、退職金は期待できません。大学の医局を出た医師の多くは、数年ごとに病院を異動するので勤続年数が少ないのです。いくつもアルバイトを掛け持ちすればお金持ちになれるかもしれませんが、それができるのも体力がある若いうちだけです。40代、50代と続けていけば、いずれ過労死するでしょう。医師は本当に割に合わない職業です」

これだけ身を粉にして働いても年収は600万円台。これが世間的にはエリート中のエリート、高収入職業の代名詞である医師の一つの現実です。

そこに追い打ちをかけるのが若手の人材不足です。医師に限らず最近の若者は仕事とプライベートのバランスを重視します。そのため最近の研修医たちは、診療科のなかでも激務となる外科や内科への希望を敬遠する傾向もあるそうです。

激務を続けても報われなくなってきた医局員

「資産家ドクター」と「貧困ドクター」、かつてはほとんどが高収入であった医師の収入の二極化はいつから現れたのか――、それは、医局の職場環境の変化に関係しています。

今も昔も、医師としてのキャリアは医師国家試験に合格することからスタートします。その後は、卒業大学の付属病院などで研修医となるわけですが、以前は過酷な労働環境や毎月10万円程度の低賃金といった厳しい条件でも「いつかは報われる」と堪えることができていました。

このときの「報われる」とは、大学病院における「講師→准教授→教授」という出世コースに乗ることを指します。教授に就任できれば、給与は上がり研究の幅も広がるため、さらなるキャリアアップと収入アップが見込めます。

さらに、かつての教授職の旨味はそれだけではありませんでした。

たとえば製薬会社からの講演依頼や原稿の執筆依頼が来るようになります。その謝礼は5万円から30万円といわれており、力のある教授の医局の場合、奨学寄附金が年間数千万円に上ることもありました。かつての教授職は関連病院の運営面でも大きな影響力を持っていたため、製薬会社側としては是非とも関係を築いておきたい役職だったのです。

しかし、それも今となっては過去の話です。医局と製薬会社の関係は2013年に発覚した外資系製薬会社の不正論文問題で一変しました。世間から厳しい目が向けられたことで製薬会社側も自主規制をするようになり、以前のような高額の謝礼や援助は受けられなくなっています。

また、教授が医局の人事に絶対的な権力を持っていた頃は、優秀な人材を求める関連病院から1000万円以上の紹介料を受け取っていたり、一般の医師の6倍にもなる日当をもらっていたりといったことも往々にしてありました。

新医師臨床研修制度の導入により、進む研修医の医局離れ

ところが、2004年の新医師臨床研修制度の導入を境に状況が変化していきます。それまでは大学病院での研修期間や関連病院での管理職経験を経なければ転院や開業といった選択肢は考えられませんでしたが、新制度によって、医学部を卒業した時点で自身のキャリアを選択できるようになったのです。

大学病院以外でも臨床研修病院の指定を受けた病院であれば初期研修を受けられるようになり、その後の後期研修、さらにその先の勤務先まで自分で決められるようになったのです。これは一般的な労働市場ではすでに当たり前となっている正社員か契約社員かアルバイトか、といった雇用形態も自由に選べることも意味します。

ここで研修医の医局離れが一気に加速します。厚生労働省の調べによると、2003年

度に研修先として大学病院を選んだ医師は72・5％でしたが、２０１４年度には42・8％と約30ポイント減少しています。院内政治に振り回され、いつ地方の病院に飛ばされるか心配するよりも、ワーク・ライフ・バランスを重視してより自分らしい人生を歩もうとする最近の若者の思考が読み取れる結果です。

新医師臨床研修制度は、本来医師にとって歓迎できる制度のはずです。しかし、一方で従来の医局から地方関連病院へ医師を送ることは、僻地への医師派遣として社会貢献になっていたことも事実です。そのため、現在は都市部に医師や病院が密集し、地方や過疎地には不足するという事態が起こっています。これにより医師たちは都市部では生存競争を、過疎地では過剰勤務を強いられることとなってしまったのです。

崩れ出した大学病院を頂点とした「白い巨塔」

若手医師の医局離れの原因は制度の問題だけではありません。通常、組織の年齢構成は、ピラミッド型や台形型のようにベテランや中堅よりも若手が多いことが理想とされます。ところが日本の医師業界では、１９８２年から２００８年まで行われた医師数の抑制によって、年齢構成のピラミッドがベテラン部分の厚い四角形に近づいていったのです。

この弊害として現れたのが、部下を持たない管理職の増加です。管理職になるべき年齢に達しても部下となる医師がいない、という状況が全国で散見されました。しかし、一般企業と違い大学病院はリストラとは無縁だったため、〇〇教授といった様々な新しい管理職ポストを生み出していったのです。

これにより雑務を指示する管理職ばかりが増え、人数の少ない若手は過酷な労働を強いられるようになります。しかも、数年先を想像しても管理職のポストはいっぱいで、空きそうにありません。

仕事は増える一方なのに、管理職になれる保証はない――、以前のような医局の旨味が得られない状況では、仕事に対するモチベーションは下がる一方です。

実際、このような背景から多くの若手・中堅医師が医局を去っています。最近は医師の転職サイトが充実しており、昼休みや通勤時の数分を利用すればいくらでも転職情報を得ることができますから、より好条件の病院へ転職したいと医局を離れるのは自然な流れと言えるでしょう。

一方、医局員の数が減れば関連病院や市中の病院への医師派遣は思うようにいかなくなり、教授の関連病院などへの影響力も低下していきます。

当然、影響力のない教授に対して製薬会社は興味を持ちません。その結果、大学病院という「白い巨塔」を構築してきた教授職の力は激減、かつてのような高収入が得られなくなっていったのです。

2年ごとの診療報酬改定が収入減の引き金に

このように、現在は大学病院の医局員にとって激務が報われない時代です。

ならば、公立・民間病院へ転職すれば問題は解決するのかと言えば、そうとも限りません。公立・民間病院であっても、結局のところ医師の年齢構成は一緒だからです。そのうえ、現在の公立・民間病院には経営破たんの可能性まであります。2000年代に入る頃から少子化による人口の減少、不況による医療費の未払い増加などにより、病院の経営破たんが目立つようになってきました。特に過疎化が顕著な地方の病院でその傾向が強く、2007年には2000年以降最高となる18件を記録しています。

そこに追い打ちをかけるのが国の診療報酬改定です。ご存知のように診療報酬は、保険診療の際に医療行為の対価として計算される報酬で、改定は基本的に2年に一度行われています。

診療報酬は給与や物価に連動するため、以前は改定のたびに上がる傾向がありました。たとえば1994年度は診療報酬本体(医療の技術料)プラス薬価で実質改定率前年比プラス2・7%、1996年度はプラス0・8%、1998年度は1・3%、2000年度はプラス0・2%でした。

ところが、2002年度以降、国は医療費の縮減政策によりこの報酬を抑える方向に転換します。そのため2002年度はマイナス2・7%、以降もマイナス1・05%(2004年度)、マイナス3・16%(2006年度)と下降を続けます。

特に2006年度の影響は甚大で、1981年を100とした現金給与総額指数が2006年には144・49%、消費者物価指数が122・44%と大きく上がっているにもかかわらず、診療報酬総枠改定率は98・35%と落ち込んでしまったのです。

そのため各病院では一斉にリストラが行われ、多くの医師が現場を去っていきました。ただでさえ医師不足だった状況はより深刻になり、1人当たりの業務量が増えて、より厳しい労働条件となっていきます。そして、これに耐えかねた医師がさらに去っていき……

と、各地で負のスパイラルが発生しました。

結果、経営破たんする病院が続出。２００７年に39億円の一時借入金を抱え経営破たんした北海道の市立病院のニュースは世間に大きなショックを与えました。そこで国は、２００９年10月に金融機関との共同出資による「企業再生支援機構」を設立、経営に苦しむ病院の支援に乗り出します。さらに２００９年12月には「中小企業金融円滑化法」を施行（医業を主たる事業とする医療法人などの場合は従業員３００人以下が対象）。２０１１年以降の病院の経営破たんは減少傾向に向かっています。

高齢化社会で重くのしかかる医療費の増大は、医師の給与にも響く

ところが「これで一件落着」とはいきません。問題の根本である国の医療費増加は一向に解決していないからです。

そのため、政府の「日本再興戦略 改定２０１４」では、医療機関の非営利ホールディングカンパニー型法人制度が検討されています。これは医療法人間の合併や権利の移転等

を速やかに行うことなどを目的とするもので、病院施設のリストラをしやすくする仕組みともいえます。

さらに2014年に可決された「医療・介護一括法」では、各医療機関に対して病床機能報告制度を義務づけています。これは病床を「高度急性期機能」「急性期機能」「回復期機能」「慢性期機能」の4つに分けて、それぞれの医療機関がどれにするか選ぶ制度です。都道府県は、医療機関からの報告を受けて病床の提供体制を調節しなければならず、その結果、病院によっては病床機能の変更を強いられる可能性もあるのです。

また2014年度の診療報酬改定では、7対1病床に対して、資格条件の厳格化と2年間で9万床（約25％）の削減が推し進められました。

7対1病床は、本来、手厚い医療が必要な重症患者を対象とするものとして、2006年の診療報酬改定の際に導入されました。ところが、人件費やコストがかかる分、入院基本料も高額となることから、多くの病院が資格条件を満たそうとし、近年では全病棟の4割に達していました。なかには高額の報酬を得ようと軽症患者でも入れる病院が出てくる始末です。これでは国の医療費は一向に減りません。そこで資格条件のハードルを上げることになったのです。

主な厳格化された資格条件には次のようなものがあります。

・短期滞在手術等基本料の対象となる手術の拡大

７対１病床の平均在院日数は18日以内でなければなりません。従来はこの条件を満たすために白内障など比較的手軽な手術を受ける患者まで入院させる例もありましたが、これができなくなりました。

・重症度、医療・看護必要度の導入

７対１病床は入院患者の15％以上が重症患者でなくてはなりません。そのため、看護の手間を数値化した重症度・看護必要度が用いられてきましたが、その項目に「血圧測定」や「時間尿測定」など簡単なものも含まれていたので、これらが削除されました。

また、７対１病床と同じく高い診療報酬を期待できたＩＣＵ（集中治療室）も、入院が認められる重症度の基準が厳しくなり、病床数も減らされる方向です。

さらに、２０１４年度の改定では訪問医療に対しても目が向けられました。これまで訪問医療には診療報酬が高いうえに、高齢者住宅や集合住宅で一度に複数の診療ができるといったメリットがありました。ところが、高齢者が多い住宅を紹介する仲介ビジネスなどが現れ問題となったため、今回の改定で一度に複数の診療をする場合の診療報酬が4分の1程度に減額されたのです。

今、政府は医療費削減のために、2025年までに最大で20万床の病床の削減を目標としています。その分、手厚い医療を必要としていない人たちは自宅や介護施設での治療に切り替えるというのです。具体的なプランは、以下のようになります。

- 長い治療が必要な慢性期の病床を24万～29万床と2割ほど減らす
- 症状が軽く集中的な治療が必要ない患者は自宅や介護施設に移ってもらう
- 重症患者を集中治療する高度急性期の病床を13万床、通常の救急医療を担う急性期の病床を40万床と、それぞれ3割ほど減らす
- リハビリを施す回復期の病床を38万床と3倍に増やす
- 入院している患者がなるべく早期に自宅に戻れるように力を入れる

そして、2016年度の診療報酬改定の内容も確定しました。財務省は、社会保障費を約1700億円削減することを目標に診療報酬の引き下げを提案。診療報酬を構成する手術など「本体」と「薬価」のうち、後者の引き下げが決定しましたが、足りない分は、今後「本体」に求められるようになるでしょう。

これらの目標、改定によって病院はさらに大きな減収を余儀なくされます。たとえ経営破たんは免れても、勤務医がリストラの対象になる可能性は少なからずあります。あるいは、リストラとまではいかなくても、実績のない勤務医に配置転換が生じてしまうことは、今までの流れから見ても必然と言えるのではないでしょうか。

今まで7対1病床やICUの担当医は花形でした。しかし、その活躍の場は減少傾向にあります。一方、これからは高齢化社会に向けて、在宅医療や在宅復帰のための地域包括ケア病棟が増えていくことが予想されます。ここで求められるのは、いくつもの併存症を抱える高齢者を治療するために極めて広い知識を持った医師、または365日24時間戦い続けられる若い医師です。

つまり、それ以外の医師は「貧困ドクター」になってしまう可能性が極めて高いと言えるのです。

キャリアプランニングだけでは、「貧困医師」から逃れられない

同じ年齢の医師でも年収が1000万円に届かず、退職金も期待できないため老後に不安を感じている人がいます。「資産家医師」と「貧困医師」では、なぜここまで差がついてしまうのでしょうか？

まず、先ほどの例から、医師としてのキャリアについて考えてみましょう。勤務医が将来のために何をすべきか――。おもな選択肢は少なくとも次の3つが考えられます。

・転職または転科
・フリーランス
・開業

これほど過酷な職場環境ならば転職したくなるのは当然の成り行きです。実際に医師を

対象とした転職エージェントは、かなりニーズが高いようで「医師」「転職」と検索すれば、様々な転職情報サイトを見つけることができます。

しかし、転職ではポストやリストラの問題は解決できませんし、過酷な労働環境が改善されるとは限りません。また、転職を繰り返すことによって勤続年数がゼロとなるため、退職金の額はどんどん減っていきます。たとえば50代の医師であれば、15年前後の勤務で平均800万円程度ではないでしょうか。それに、そもそも年俸制ならば退職金制度そのものがないこともあり得ます。

ちなみに、2015年に日本経団連が発表した資料によると、普通のサラリーマンの退職金は大卒の総合職の場合、60歳（勤続年数38年）で2357・7万円となっています。また、勤続年数に対する増加額のピークは25年以上となっており、20年と25年では400万円以上の差が出ています。

転職、転科、フリーランスでは、将来の安定はつかみづらい

「転職とまではいかなくても、転科なら……」と、考えるドクターもいます。ある20代後半の外科医師は次のようなことを語ってくれました。

「30時間以上の勤務が続くなか、深夜に救急で脳挫傷の疑いがある患者さんが運び込まれてきました。当然、すぐに緊急手術となったのですが、自分の置かれた状況を考えると手の震えが止まりませんでした。何とか落ち着きを取り戻してその場は切り抜けましたが、こんな極限状態が続くと、いつか取り返しのつかないことが起こってしまいそうで……。他の科への移動を考えているんです」

たしかに色々なドクターの話を聞くと、専門とする診療科によって肉体的、精神的な過酷さは違うようです。また業務内容にかかわらず「これが自分のやりたかった医療だろうか」「もっと自分を活かせる診療科があるのではないか」といった考えから転科を希望する医師も少なくありません。しかし、実は転科は転職以上に難しいと言えます。

まず、再度はじめから経験を積まなければなりません。私のクライアントのなかにも30年近く外科医で経験を積んでから、医局を出ると同時に内科へ転科したドクターがいます。

彼によると、転科は外科から内科よりも内科から外科のほうが難しいそうです。長年外科を続けた医師は、その積み重ねた経験によって内科の知識も蓄積されるため比較的スムーズに転科ができる一方、メスを握ったことのない内科の医師が外科に転科するケースは見たことがないと言っていました。

ご存知のように昨今は、医療技術の急速な進歩によって求められる知識量はより膨大に、また、情報化社会によって患者自身の知識も多くなっています。経験の浅いドクターと知れたら、患者側から不安の声が出されるかもしれません。

次にフリーランスですが、これは自身の腕だけが頼りになる世界です。したがって勤務医時代以上に医師としてのスキルが求められるうえに、自身の健康管理にも注意が必要です。万が一、ケガや病気で診察ができなくなってしまったら……、一生安心とは言い難いのではないでしょうか。また、十分なスキルがあれば高収入を見込めるかもしれませんが、継続して仕事が得られる保証はありませんので不安は残ります。

医師の成功モデル、独立・開業するには準備が不可欠

残るのは開業です。これには多額の開業資金やそれなりの準備期間が必要です。親の病院を引き継ぐのでなければ、数年もしくは十数年といった長期の計画を立てて準備をしなければなりません。

当然、すべての開業医が成功するわけではありません。独立ということになれば、医師としてのスキルはもちろん、経営ノウハウも必要になります。

一般的なビジネスでは、値引きや増量など価格で勝負することができますが、一部を除き医療行為では無理な話です。さらに、開業して間もなくは大学病院や総合病院のようなブランド力も体力もありません。院長の人柄と腕で一から勝負して地域に根づき、地道に患者を増やしていくしかないのです。また、昨今はネット社会です。一度「上から目線で感じが悪い」といった悪いうわさが立つと、口コミで瞬く間に広がってしまいますから、接客力も必要となってきます。

とはいえ、医師の独立開業は、一般的なビジネスの開業よりも成功率が高いといえます。たとえば競争率が圧倒的に低く、政府の統計によると日本の卸売・小売業の事業所数が約140万所であるのに対し、病院は8567施設しかありません。ベッド数19床以下のクリニックでも10万ほどです。

さらに地域にある病院数を調べるといったマーケティングを行うことで、より競争率の低い土地を見つけることもできます。たとえば、埼玉県と茨城県は人口10万人に対する医師数が全国でも最下位となっていますので、この地域に開業すれば、病院が密集した都心部より集客が見込めるというわけです。このようなマーケティングは専門診断科を軸にして検討することもできます。

このような事前準備を行って患者のニーズをしっかり把握していれば、独立開業のリスクはより低くなるはずです。さらに、今後は超高齢化社会に突入し、新規の医療施設のニーズは増え続けることが予想されますから、そういった目線での土地選びも有効です。

このように、開業にはそれなりの準備が必要となります。したがって、現時点では勤務医を続けながら開業も見据えた確固たる基盤作りに着手すべきです。そして、基盤のなかでも、もっとも重要なのが開業資金です。ある程度の頭金がなければ銀行からの融資を得られませんし、開業後、経営が軌道に乗るまでの生活費も確保しておかなければなりません。つまり、今から着実な資産形成ができるかどうかが、将来の成功を左右するといえるのです。

しかし、勤務医のほとんどは、資産形成にまで手が回らないのが現状です。あまりの忙しさに情報収集はもちろん、お金の管理すらできないので、収入の割に預金が驚くほど少ないケースも多いのです。

実は、資産家ドクターと貧困ドクターの違いはここにあります。つまりほとんどの資産家ドクターは医療だけでなく、金融に関する知識も非常に豊富なのです。

医師に必要なのは資産形成

かつては、医師と言えば絶対の安泰を誇った職業が様変わりしてきています。仕事の選択肢や働き方が多様化するにつれ、それにきちんと適応できるかどうかが「貧困医師」とそうでないドクターの分かれ道となっているのです。これからは医師としてのスキルと同時にビジネス感覚や時流を読む力も必要とすらされています。こうしたサバイバル能力を磨くことなく今までのやり方にしがみつく人が「貧困医師」となるのです。

たとえば、今後は人口の減少に伴って、医療機器や医薬品と同様、医療サービスも重要な輸出品目になると考えられています。すでに世界各国の富裕層に向けた高度な医療サービスや、外国人を対象とした観光と人間ドックのパックツアーといった新しい医療サービスが生まれており、人気を博しているのは周知の通りです。

さらに、２０１６年４月には事実上の混合診療が解禁されます。患者自身の申し出によって保険診療と保険適用外の高度医療を併用できる「患者申出療養制度」がスタートすれば、当然、新しい医療技術を取り入れる医療機関のニーズが飛躍的に高まります。そのため、それらを提供できる「資産家ドクター」と提供できないままの「貧困ドクター」の二極化はより大きなものとなっていくでしょう。

では、前者になるためには何をすればいいのか——、まずは資産を増やし、資金を蓄えるための行動に出ることです。幸い医師は一般的なサラリーマンよりも収入が多いケースがほとんどですから、運用によって資金を増やすことが可能です。

医師向けの有名なポータルサイト「m3.com」の調査によると、「どのような資産運用をしているか（複数回答）」という問いに対して次のような回答が得られました。

1. 普通・定期預金（74・2％）
2. 株式（21・8％）
3. 何もしていない（20・6％）
4. 投資信託（17・2％）
5. 外貨預金（11・6％）
6. 国債（9・6％）
7. 不動産投資（7・4％）

7割を超える人が「普通・定期預金」と回答していますが、果たしてこれが効果的な資産運用法と言えるのでしょうか。

これまで説明してきた通り、これからは医師も「何もしていない」では、充実した人生を送れない時代となっていきます。多忙な医師だからこそ、効果的な資産運用の方法を身につけ、実践していかなければいけないのです。

第 2 章

最初に押さえておきたい資産家医師《ドクター》になるための「資産運用」の基本

目指すべきは「資産家医師」

仕事やプライベートを充実させて「資産家ドクター」になるためには、開業医になることが最短の道であること、そして、その際には十分な開業資金が必要ということを説明しました。親からの贈与や預貯金が十分にある場合は問題ありませんが、通常、新たに開業資金を得るには次の2つの方法しかありません。

・仕事によって賃金収入を得る
・資産を運用して収益を得る（資産形成）

医師に限らず、サラリーマンをはじめとする多くの日本人は、賃金収入による預貯金で資金を得ようとします。たしかに、仕事にやりがいがあり職場環境も良好、将来の役職も確保されているということなら、地道にコツコツ貯める預貯金も悪くはありません。しかし、本書を手に取った人はすでに限界を感じているはずです。「勤務医として今のペースで働き続けるのは難しい」「開業したいが資金を貯めるのは不可能だ」と。ならば選択するのは後者しかありません。

私の知る限り、「資産家ドクター」は全員、何らかの資産運用をしています。独立開業を希望していなくても、収入に余裕ができればアルバイトをする必要がなくなりますので、仕事のペースをコントロールしながら医療に専念し、スキルを磨くことができます。いずれにしても納得のできる人生ではないでしょうか。

つまり資産形成と医師としてのキャリア形成は直結しているといえます。そして、資産形成を行ううえでもっとも重要なのは世の中のお金の流れを理解すること、金融リテラシー（知識・判断力）を身につけた人ほど成功に近づきます。当然、「資産家ドクター」は、皆さん金融リテラシーが豊富です。

とはいえ、多忙な医師に金融の勉強をする時間などないことも承知しています。そこで、ここからは最低限必要な金融の知識を紹介します。あとは収入に余裕ができてから勉強すればいいのです。

預貯金は決して安全ではない

預金とは銀行などの金融機関にお金を預けること、貯金とはお金を貯めること、あるいは郵便局・農業協同組合・漁業協同組合などにお金を預けることです。どちらも金融機関に預けるだけで利子が付き資産が増えるので、手間いらずのうえに安心・確実と、誰もが行っている資産形成の手段です。

日本銀行が２０１５年に公表した「資金循環の日米欧比較」レポートによると、日本の家計の資産構成は「現金・預金」が52・７％と半分以上を占めており、アメリカの13・７％、ユーロエリアの34・４％を大きく上回っています。

たしかに預貯金は、元本割れなどのリスクが極めて低い資産形成の手段です。しかし、全くリスクがないわけではありません。

まず、金利が低過ぎる点です。２０１５年12月現在、定期預金の金利は年利０・１％前後、たとえ１０００万円預けても年間１万円しか利息がつきません。これだけで開業資金を賄おうとすれば、一体、何年必要になるでしょうか。

さらにインフレまで加味すると、年間1万円の利子を得られたとしても、資産価値がマイナスになることも考えられます。

おそらくインフレは今後も少しずつとはいえ進むと考えられています。日本銀行はインフレ目標を設定していますから、金融緩和政策を行っていきます。この政策が行われている間、定期預金の金利はほとんど上がりません。それどころか仮に2％のインフレが起きた場合、定期預金の金利が0・1％のままならば資産価値は実質1・9％のマイナスといえるのです。

ならば目標をクリアした時点で日本銀行は金利を上げるかといえば、そうとも限りません。金利を据え置きにすることで日本の財政赤字を減らすことができるからです。

インフレによって物価が上がれば、企業の売上額や個人の所得額は増えることになります。ところが法人税や所得税も増加するため、企業や個人の資産が増えるわけではありません。一方で日本政府は、インフレによってより多く借金を返済できるようになるのです。ある意味、これは増税と同じ効果といえます。しかも、国民にすれば一見収入が増える得策と感じられるため非難されることはありません。このチャンスを、1000兆円を超える借金を背負う日本政府が見逃すはずがないのです。

預貯金の不安材料はまだあります。それは、預貯金が金融機関によって運用されているということです。

運用先の多くは国債です。国債も預貯金同様に元本割れのリスクが極めて低い金融商品といわれていますが、こちらもリスクがゼロというわけではありません。前述のように日本の借金は1000兆円を超えています。これは日本の国家予算の約10年分に相当する額であり、返済の目処は未だ立っていません。それどころか、最悪の場合は財政破たんすることも考えられるのです。実際、かつて日本は第二次世界大戦後の1946年に財政破たんを経験していますし、最近でも世界を見ればギリシャ、アルゼンチン、ジンバブエなどの例があります。

仮に日本が財政破たんに陥ってしまえば、預貯金の元本は保証されないでしょう。そもそも、預貯金の元本保証は1000万円までとその利子分のみとしているケースが多いため、それ以上預けている場合には、大きな損失が出てしまいます。

利率が低くほとんど資産が増えない、インフレに弱い、必ずしも元本が保証されるものではない……。預貯金は一般的に思われているほど「安全」「確実」な資産形成の手段ではないのです。

金融リテラシーを身につけた者だけが経済的な豊かさを享受できる

現代社会で自立し、安心かつ豊かな暮らしを実現するためには、金融とのかかわりは避けられません。一生懸命働いて得たお金は銀行口座に入れっぱなし……ではインフレリスクにさらされてしまいます。そのため、これからの人生を生き抜くためのスキルとして金融リテラシーを身につける必要があります。

以前から日本は欧米諸国に比べ「お金の教育」が遅れているといわれてきました。欧米では、学校で金融の基礎知識や適切な資産運用方法などの金融教育が一般的に行われています。必修科目として授業に採り入れている学校も少なくありません。

このような背景から金融庁は、2012年11月に有識者・関係省庁・関係団体をメンバーとする「金融経済教育研究会」を設置して、今後の金融経済教育のあり方について検討を行いました。そして、2013年4月に公表された報告書では生活スキルとして「最低限身に付けるべき金融リテラシー」が示されています。

内容は、小学生から高齢者の7つの年齢層に対し、それぞれ「家計管理」「生活設計」「金融知識及び金融経済事情の理解と適切な金融商品の利用選択」「外部の知見の適切な活用」の4分野について説明されています。

以下に、大学生と高齢者の間の「若手社会人」「一般社会人」に必要な金融リテラシーの一部を紹介します。

〈若手社会人（生活面、経済面で自立する時期）〉

①家計管理

・家計の担い手として適切に収支管理をしつつ、趣味や自己の能力向上のための支出を計画的に行える

②生活設計

・選択した職業との両立を図る形でライフプランの実現に取り組んでいる

・ライフプランの実現のためにお金がどの程度必要かを考え、計画的に貯蓄・資産運用

を行える

③金融知識及び金融経済事情の理解と適切な金融商品の利用選択

・収集した情報を比較検討し、適切な消費行動をすることができる

・金融商品を含む様々な販売・勧誘行為に適用される法令や制度を理解し、慎重な契約締結など、適切な対応を行うことができる

・詐欺など悪質な者に狙われないよう慎重な契約を心がける

・金融商品の3つの特性（流動性・安全性・収益性）とリスク管理の方法、及び長期的な視点から貯蓄・運用することの大切さを理解する

・お金の価値と時間との関係について理解する（複利、割引現在価値など）

・景気の動向、金利の動き、インフレ・デフレ、為替の動きが、金融商品の価格、実質価値、金利（利回り）等に及ぼす影響について理解している

④外部の知見の適切な活用

・金融商品を利用する際に相談等ができる適切な機関等を把握する必要があることを認

識している
・金融商品を利用するに当たり、外部の知見を適切に活用する必要があることを理解している
・金融商品の利用の是非を自ら判断するうえで必要となる情報の内容や、相談しアドバイスを求められる適切で中立的な機関・専門家等を把握し、的確に行動できる

〈一般社会人（社会人として自立し、本格的な責任を担う時期）〉

①家計管理
・家計を主として支える立場から家計簿などで収入支出や資産負債を把握管理し、必要に応じ収支の改善、資産負債のバランス改善を行える

②生活設計
・環境変化等を踏まえ、必要に応じライフプランや資金計画、保有資産の見直しを検討しつつ、自分の老後を展望したライフプランの実現に向け着実に取り組んでいる

・学校と連携しつつ、家庭内で子の金融教育に取り組む

③金融知識及び金融経済事情の理解と適切な金融商品の利用選択

※若手社会人と同じ

④外部の知見の適切な活用

※若手社会人と同じ

資産運用を行う際の落とし穴

資産運用をはじめる際にもっとも気になるのが「リスク」です。しかし、基本的には資産運用とリスクは切り離すことができません。また、ハイリターンを狙えば、それだけリスクは高くなる傾向にあります。

資産運用でいうリスクとは「危険」ではなく、主に「不確実性」、つまりお金が増える確率の低さという意味になりますが、他にも想定外の手数料や詐欺の可能性などが含まれ

ます。

たとえばよくあるのが投資信託などの販売手数料です。都市銀行などの店頭で販売している投資信託は、購入時に３％程度の販売手数料がかかります。つまり利回りが３％以上にならないと買った時点でマイナス益になるのです。インターネット専門の証券会社ならば、この手数料がゼロになる場合もあるので、よく比較検討しなければなりません。

また、一般的に知られていない金融商品も要注意です。このような商品のパンフレットには「アメリカの最新金融工学によって実現するローリスク・ハイリターン」といった、それらしい言葉が躍っているかもしれませんが、今までの実績が少ないものは、まず疑ってみるべきです。過去にも有名芸能人などを起用し、派手な広告で出資者を集めた詐欺事件が数多く発生しています。一般的にドクターは高所得者と見られているため、ターゲットになりやすいと言えます。とにかく、金融の世界に「ローリスク・ハイリターン」はほとんど存在しないと肝に銘じておくべきです。

金融の世界というものは、銀行などの販売会社に任せきりにすると気づかないうちに損をさせられるようにできています。やはり、ある程度は自ら勉強をして基礎知識を身につけておかないと、思わぬ落とし穴に落ちてしまうでしょう。

それを防ぐためには、本書で紹介する最低限の金融知識を身につけておかなければいけません。

投資とギャンブルの違い

では、効果的な資産形成が望める手段とは、どのようなものになるのでしょうか。

主な資産形成の方法には、預金のほかに国債、保険、株式、FX、不動産などがあります。国債に関しては、前述の預金同様、資産の増加はほとんど期待できませんし、保険も万が一のときに備えるための商品が多いため、あくまで減らさないための手段と考えたほうがいいでしょう。

残る株式、FX、不動産は、積極的に運用することで2倍、3倍と価値を上げることが可能です。いわゆる「投資商品」です。

たとえば株式であれば、2015年4月、日経平均株価が15年ぶりに2万円を超えたことがニュースとなりました。バブル期は軽く3万円を超えていたのでまだまだ低いと思うかもしれませんが、1950年の日経平均株価は100円前後でしたから、それが2万円

前後になったということは約200倍になったということです。その間、インフレにより
お金の価値が下がることを考慮しても、長期的な視点で見れば預貯金をするよりも、はる
かに確実な資産運用といえます。
現在、日本の景気は少しずつですが上向いているといわれています。しかし、それを実
感している人はほとんどいません。それほど収入が増えていないからです。その点、株式
を含め投資商品の多くは景気に連動して価値も上がりますから、すぐに恩恵を受けること
ができるのです。
ただし、投資には当然、少なからずリスクが存在します。特に日本人の場合、投資と聞
くと「結局損をする」「だまされそう」「不真面目」といったマイナスなイメージを持つ人
が多くいます。競馬やパチンコといったギャンブルと混同しているためです。そのため医
師という立場では、なんとなく手を出しにくいということもあるでしょう。
ギャンブルとは運任せの「博打」であり、要するに娯楽です。配当は胴元が決定するた
め、株や不動産のように際限なく上がることはありません。
一方、投資は経済活動です。たとえば不動産運用であるマンション経営は、入居者に快
適で安全な住居を提供する代わりに家賃を得るビジネスです。入居者は支払う家賃に見合

う物件だから契約しているので、オーナーとはWIN-WINの関係といえます。

「投資」を行うメリット

投資の場合、リスクに関しても対処方法がある程度確立されており、知識を身につけたり、一部の業務を専門家に委託したりすることで、リスクを軽減することは可能です。

これらを踏まえて、投資を行うメリットをまとめれば次のようなことが挙げられます。

1　将来の目標を達成させる

皆さんにとって目標とは独立開業かもしれませんし、老後の安心かもしれません。どちらにしても、投資によって得られた利益は経済的な後ろ盾となります。

2　社会貢献を実現できる

先ほども述べましたが投資は立派な経済活動です。株式ならば投資したお金が企業の事業活動に使われることになりますし、不動産運用ならば入居者に快適で安全な住居を提供することができます。また、詳細は後述しますが、高齢者施設への投資も考えられるなど、資産運用のやり方次第で社会貢献の幅はいくらでも広がるのです。

3　自己成長

いくら多忙とはいえ、いざ自分が貯めたお金を投資しようと思えば、業界や景気、経済についての勉強をするはずです。

「どうすれば収益が増えるのだろう」「何に費やせばより社会貢献ができるのだろう」など、開業を目指しているのであれば、そういった知識や情報を仕入れておくことは決して無駄にはならないはずです。

資産を増やすために最初にするべきこと

ここまで、最低限必要な金融リテラシーに関して説明をしてきました。しかし、この段階で「明日から資産運用をしましょう」と言われても困る人は多いはずです。

資産運用の基本は、想定可能なリスクを把握し、それをどこまで覚悟して投資を行うのか、そしてどれだけのリターンを狙うかをしっかり計画することです。そこで、次は資産運用の計画についての説明をしていきます。

資産運用の計画に必要な要素は次の3つになります。

1　基本的な金融リテラシー

多忙なドクターには、本書で紹介している内容で十分です。あとはパートナーとなる金融のプロに相談しながら進めればいいでしょう。

2　長期的な計画

「資産運用（投資）＝短期間で儲かる」と考える人がいますが、それは誤りです。資産運用は、短期間で結果を求めれば求めるほどハイリスク・ハイリターン、つまりギャンブルに近づきます。なかにはそういった投資商品もありますが、確実な資産生計を狙う本書では決してお勧めしません。数年から十数年の長期的視野に立って、「何歳までにいくら必要か」を計画、実行することがたしかな資産運用なのです。

3　広い視野

前述しましたが、多くの日本人は「資産運用＝預貯金」という考えを持っています。これは視野が狭いと言わざるを得ません。資産運用の方法は多種多様です。自分が今まで知らなかったからといって、それが決して怪しい方法とは限りません。何にでもすぐに手を出すのは禁物ですが、お宝情報というものは、なかなか表には出てこないものです。常に好奇心を持って、幅広い知識を得ることに努めることをお勧めします。

資産運用計画の立て方 3ステップ

以上の3点を踏まえて、資産運用計画の立て方を紹介していきます。

（ステップ1）現状の総資産を把握する

まずは、今所有している資産がいくらかを確認します。この額が明確にならないと、どれくらい増やせば目標額に達するのかが分かりません。このときの資産とは、預貯金を含めた現金や株、投資信託など、すぐに現金化できるものです。家や車など現金化すると生活できないものは含みません。

預貯金に関しては、個人で使っている口座だけの人もいると思いますが、そのほかにも家族がいざというときのためにと貯金している口座や、両親が子どもの頃から積み立ててくれていたものもあるかもしれません。それぞれ最新の状況を記帳して確認してください。

（ステップ2）目標額と時期を設定する
総資産額を把握したら、次はそれをどれだけ増やすかの目標額を設定します。3000万円増やすのか10億円増やすのか、また、その達成時期によっても運用方法は大きく異なってきます。

目標額と時期を設定する際には、家族も含めたこれからの生活の青写真を描く必要があります。

たとえば「5年後に開業したい」となった場合、土地と建物そしてX線撮影装置や超音波診断装置などの各設備を含めて最低1億円はかかるでしょう。

しかし、場所や診療科目によってはもっとかかる場合もありますし、開業後、ある程度の集客が見込めるまでの運営資金も必要となりますので、何年くらいの余裕を見るのかや何を優先するのかなど、ある程度の見通しは立てておかなければいけません。

加えて子どもの教育費も忘れてはいけません。もし子どもが大学の医学部を目指すなら、6年間の学費は国公立大学に入学の場合で約350万円、私立ならば多くが3000万円前後、高い大学なら5000万円近くになります。子どもが2人なら6000万円以上です。

そのうえ悠々自適な老後生活を送ることを考えると、最低でも数億円、できれば10億円ほどあれば理想的ではないでしょうか。体力的な問題も考えると、バリバリ働けるうちにこの金額を達成したいところです。


（ステップ3）具体的な運用方法を決定する

目標額と時期が決まったら、いよいよ資産の運用方法を決定します。主な資産運用の方法としては、預貯金、債券、株式、投資信託、FX、金、不動産などがあり、ほとんどのものに国内と海外の市場があります。

また、それぞれ特徴が異なるので、どの方法が目標達成に最適かをよく吟味しなければなりません。

✚ 所得税の速算表

課税される所得金額	税率	控除額
195 万円以下	5%	0 円
195 万円を超え　330 万円以下	10%	97,500 円
330 万円を超え　695 万円以下	20%	427,500 円
695 万円を超え　900 万円以下	23%	636,000 円
900 万円を超え　1,800 万円以下	33%	1,536,000 円
1,800 万円を超え 4,000 万円以下	40%	2,796,000 円
4,000 万円超	45%	4,796,000 円

国税庁ホームページより

この段階まで来ると、前述の金融リテラシーの基礎知識だけでは太刀打ちできなくなってきますが、実際にはこれ以上勉強する時間的余裕はないはずです。

さらに、いざ運用をはじめたら常にその値動きをチェックし、売り時を見極めなければなりません。ここでも時間と高度なスキルが必要とされるでしょう。

そこで思い出してほしいのが、金融庁の生活スキルとして「最低限身に付けるべき金融リテラシー」にあった「外部の知見の適切な活用」です。つまり、金融のプロを利用するのです。適切なプロをパートナーとすれば、現状の資産と目標に応じたアドバイスが受けられ、確実な資産形成と時間的余裕を得ることができます。

また、具体的な運用方法を考える際には、必ず節税も頭に入れておかなければいけません。日本の所得税は累進課税制度です。しかも、2015年度からは課税所得金額4000万円超に対する最高税率が40%から45%へと引き上げられました。高額所得者にはつらい制度です。

さらに、今後はマイナンバー制度の導入によって、預金や株、不動産といった分散所有していた資産が正確に把握されることになります。それは同時に、これらを一本化して課税される可能性があることを意味しています。

現在は預金の利息や株式の値上がり益にかかる税率は、金額に関係なく一律約20％です。ところが、今後はこのような資産運用によって得たお金が給与などほかの収入と合算され、累進課税の対象となるかもしれないのです。実際にフランスやアメリカなど欧米のいくつかの国では、そのような課税制度が導入されています。

多忙なドクターにとって、どのようなプロをパートナーとして選択すべきかは、後ほど説明しますが、節税に対する知識の豊富さは、最重要の選択項目といえるでしょう。

第 3 章

株、FX、投資信託は医師に不向き。「不動産投資」が最適である6つの理由

REAL ESTATE INVESTMENT

株式投資の速い値動きに、忙しい医師はついていけない

前章ではインフレに強く、また経済が成長すればするほど価値が上がるものが有効な投資商品だと説明しました。一般には株式や投資信託、ＦＸ、不動産などが知られています。前出の医師を対象とした調査でも21・８％の人が株式投資を行っていました。しかし、一般的だからといって医師に向いているとは限りません。「皆がやっているから」と手を出しやすいだけで、失敗をする可能性が高いものもあるのです。

転職サイト@typeの調査によると、現在投資をしているビジネスパーソンのうち、45％は株式投資を行っています。高所得者に限らず非常に人気のある投資方法です。預貯金に次いでメジャーな資産防衛策といえるかもしれません。

株式投資を行うメリットには、主に次のようなものがあります。

メリット１　大きな利益の可能性

最大のメリットは、預貯金では得られない大きな利益の可能性です。かつては「株式投資は資産家がやるもの」という考えが一般的でしたが、１９８７年のＮＴＴ株上場によってその常識は覆されました。同社の上場は日本中の注目を集め、売り出し価格１２０万円だった株価が２カ月後には３１８万円、２・６５倍になったのです。

その間、株主は何もせず株を所有していただけですから、まさに不労所得です。これを機に株式投資は「短期間で大きなバックが得られる投資」として広く認知されることとなり、一般サラリーマンをはじめとする個人投資家が市場に参入するようになりました。

メリット２　インフレに強い

前述のように株価は物価と連動して上昇する傾向があるため、預貯金や現金保有よりも、効果的な資産運用といえます。また、インフレによって企業の収益が上がれば、それによる配当金も期待できます。

一方、株式投資には次のようなデメリットもあります。

デメリット1　元本保証がない

インフレへの強さは、あくまで株式市場全体を見た場合です。個別の企業で見れば、投資先が倒産してしまう可能性はゼロではありません。倒産してしまえば株式の価値は当然ゼロとなり、1円も残りません。

デメリット2　値動きが早い

株式の値動きは非常に早く、素人はもちろん、プロでも先読みが難しいといわれています。そのため、適切な売り時と買い時を見逃してしまいがちです。

最近の大きな動きとしてはリーマン・ショックがありました。2007年の日経平均終値は1万5307円でしたが、リーマン・ショック後の2008年には8859円と約42%も値下がりしています。

また、バブル崩壊時の1990年も前年の3万8915円から2万3848円へと大暴落しました。

とはいえ、医師にとってもっとも大きなデメリットは大暴落ではありません。株価は市場が開いている間、常に上下しているので、いつも注視していないと買い時も売り時も見逃してしまうということです。ただでさえ食事の時間もない多忙のドクターが、この動きについていけるはずがありません。

株価は企業活動によって変化します。一般に名前が知られていないような小さな企業でも、画期的な商品を開発したニュースが発表されれば、瞬く間に株価が上昇することは少なくありません。逆に安定経営を続けている大企業でも一度不祥事が発覚すればすぐに株価は暴落します。毎朝、新聞やテレビで情報収集をし、日中はネットで値動きをチェック——そんな時間が果たして医師にあるでしょうか。

しかも、株式市場は国内外の投資ファンド等による情報操作が当たり前の世界です。この動きについていけるのは、株式投資だけで生活が成り立つような知識豊富で時間的にも余裕がある専業トレーダーだけです。

株式投資は忙しい医師にとって年間数万円程度の小遣い稼ぎにはなっても、何千万円、何億円といった多額の資産形成ツールにはなり得ません。

資産価値が上がらず相場急変のリスクがあるＦＸ

ＦＸとは、Margin Foreign Exchange Tradingの略で、日本語では外国為替証拠金取引と呼ばれています。内容としては、外国の通貨を購入し、価値が上がったところで売却して利益を得るという、為替レートの差を利用する取引です。たとえば1ドルが１００円のときに10万円で１０００ドルを買って、１ドルが１１０円になった時点で売ると11万円、1万円の利益が得られます。

外貨預金と似ていると思う人がいるかもしれませんが、外貨預金が外国の高い利息を狙うのに対して、ＦＸは為替の変動を見定めて売買する為替差益を狙います。そのため24時間取引が可能になっています。

ＦＸのメリットには次のようなものがあります。

メリット１　レバレッジ効果を利用できる

ＦＸの最大の魅力は、レバレッジ効果を利用できることです。レバレッジとはテコの原理のことで、自己資金に対して25倍までの取引が可能です。たとえば自己資金が4万円でも１００万円分の取引ができるので、１割の利益が出れば10万円を得ることになります。

メリット２　24時間の取引が可能

日本の株式市場の取引時間は平日の9時から11時30分（前場）と12時30分から15時30分まで（後場）となっています（東京証券取引所は15時まで）。一方でＦＸの場合は、土日を除き24時間取引が可能です。日本が祝日でも海外市場が開いていれば取引ができます。自分のライフスタイルに合わせて、いつでも取引ができるのです。

一方、ＦＸのデメリットは次のようなものがあります。

デメリット１　自己資金がゼロになる可能性

25倍のレバレッジ効果を利用できるということは、損失割合も25倍になる可能性があるということです。自己資金１００万円で１００万円の取引（レバレッジ１倍）をして、99万円で売却した場合、損失割合は１％ですが、自己資金４万円で１００万円分の取引

（レバレッジ25倍）をして、99万円で売却した場合、損失額は同じ1万円でも損失割合は25％となります。

では、4万円以上の損失が発生した場合は借金を背負うことになるのかといえば、そんなことはありません。投資口座に入っているお金がゼロになった時点で強制ロスカットというシステムが働き、取引は終了になります。したがって、気が付かない間に借金を背負っているという事態になることはありません。とはいえ、自己資金がゼロになる可能性は多分にあるため、注意が必要です。

デメリット2　上がることのない資産価値

FXの資産価値は、今回紹介する投資のなかで唯一、経済成長と連動しません。なぜならこの取引は2国間の通貨交換比率の差を利益とするものなので、資産自体の価値が上がることがないからです。

仮にこれから日本経済が急成長したとしても、一方の国の景気がさらによかったり、金利が高かったりした場合、通貨の交換比率の差は生じることがなく利益は見込めません。為替レートは双方の国の事情があってのものなので、成長している国の通貨価値が必ずしも上がるわけではないのです。

したがって、ＦＸは株や不動産といったほかの資産のように長期間の所有がイコール価値のアップとはなりません。

デメリット３　急変する相場

ＦＸの広告には「１日で50万円の利益」といった、短期間で儲けた経験談が目立ちます。短期間で儲けられるということは、それだけ値動きが早いということです。

為替レートは24時間刻々と変化します。アメリカの経済状況を示す指標が突然発表されれば、就寝中だろうと仕事中だろうと皆さんがレートを確認できない間に相場が急変する可能性が常にあるのです。そのことを気にしはじめたら、いつでもどこでもソワソワと心が落ち着かず、寝不足になったり仕事に集中できなくなったりと、日常生活に支障が出るのではないでしょうか。

ＦＸも株式と同様、値動きについていけるのは知識が豊富で時間的にも余裕がある専業トレーダーだけです。医師としての仕事をやり続けることが前提の人には、対応が非常に難しい投資と言わざるを得ません。

コストが高く収益が少ない投資信託

投資信託とは、投資家から集めたお金をひとまとめの資金として、投資の専門家が株式や債券などに運用する商品です。運用成果は投資家それぞれの投資額に応じて分配され、運用状況は定期的に発行されるレポートで把握することができる仕組みになっています。

投資信託のメリットには次のようなものが挙げられます。

メリット1　投資のプロが運用

経験、知識ともに豊富な運用のプロが、各商品の運用方針にしたがって投資先の選択から取引までを行ってくれます。勉強や取引をする時間が短縮されるため、知識のない人や多忙な人には魅力的な商品といえます。

メリット2　リスクを分散

投資信託は国内株式、新興国株式、海外債券といったように各商品の運用方針にしたがって、複数の運用先に投資されます。一つの銘柄だけに投資した場合、その企業が倒産したり株価が下がったりすると大きな損失を負うことになりますが、複数の銘柄に分けて投資をするので値下がりのリスクを分散することができます。

メリット3　少額で投資が可能

株式投資は購入に必要な最低株式数「単元株数」が定められているため、ある程度の資金がなければ株を買うことができません。たとえばトヨタ自動車の株価は2016年4月現在、5900円前後で単元株数は100株となっているので、最低59万円ないと買えないことになります。ところが投資信託なら1万円からでも投資が可能です。つまり、個人では無理だったトヨタ自動車株の利益を得ることができるのです。

一方、投資信託のデメリットには、次のようなものが挙げられます。

デメリット1　コストがかかる

投資信託は資産運用をプロに任せる商品です。そこには当然、手数料などの費用が発生します。主な費用には次のようなものがあります。

買付手数料：投資信託を購入する際に支払う手数料
信託報酬：投資信託の運用にかかる費用
信託財産留保額：投資信託を信託期間の途中で換金する際の証券売却にかかる費用

これらの費用は販売会社によって異なりますので、商品を選択する際は、過去の運用実績と同時に吟味しなければなりません。

デメリット2　元本保証がない

株式同様、投資信託にも元本保証がありません。いくらプロが運用しているといっても、その運用成績は市場動向によって左右されます。バブル崩壊やリーマン・ショックなどの大暴落があれば、リスクヘッジは不可能に近いでしょう。

デメリット3　商品によっては信頼できないものもある

投資信託と一言でいってもその中身は千差万別です。利益が出るものもあれば、損をするものもある――。なかにはリーマン・ショックの引き金となった、サブプライムローンの債権を組み込んだ粗悪な商品もありました。

運用によって生じた損益は、それぞれの投資額に応じてすべて投資家が受け入れることになります。ですから「プロに任せているから安心」といった姿勢のままではいけません。株式同様に常に運用状況をチェックし、その運用方針が時流に合っていないと判断すれば、買い替えの検討が必要となるのです。したがって、こちらも多忙な人には向いていない投資商品といえます。

多忙な医師には不動産投資が最適

株式、投資信託、FX、どれも一般的には人気の資産運用方法ですが、多忙を極める医師には向いていません。ならば結局、医師に最適な資産運用方法とは何なのか？

それは不動産投資です。

私は基本的に時間のない医師にとって理想的な資産運用方法は、以下の4条件に当てはまることが必須と考えます。

①手間をかけずに確実に儲かる
②予備知識がそれほど必要ない
③節税効果がある
④10億円の資産形成の道筋が具体的に描ける

この4条件を満たす数少ない選択肢、それが不動産投資です。その理由を説明しましょう。

理由1　頻繁に売買しなくても、長期投資で確実に資産を築ける

株式、投資信託、FXが医師にとってデメリットとなる理由は、値動きを常にチェックする時間が必要ということです。現状でさえ健康状態に不安を覚えるほど多忙なのに、そ

んな時間はないはずです。

一方で不動産は「昨日買ったものを明日売却する」といった短期間で利益を確定させるような商品ではありません。不動産投資による利益には2種類あります。一つは月々の家賃収入であるインカムゲイン、もう一つは値上がり時に売却することで得られるキャピタルゲインです。

前者は、物件を所有する期間が長ければ長いほど、確実に収入が積み上がっていきます。後者も、株価のように売値が刻一刻と変化するものではないので、やはり長期的視点が必要になります。したがって、毎日値動きを気にしてソワソワする心配はありません。

インフレの話をすると、「それは日本が高度成長時代だったからだ。これからは低成長時代なので、不動産の資産価値は上がる見込みがない」と言う人がいます。

たしかにこれからの約60年間で、不動産価格が1000倍以上になることはないかもしれません。しかし、そこまでとはいかなくても資産価値は必ず上がると断言できます。

なぜならこれからも日本経済は成長し続けるからです。バブル崩壊後の日本経済は「失われた20年」といわれるほど低迷しました。そのため、その間の経済は成長していないと思っている人がいるかもしれません。

ところが、日本の経済規模は着実に拡大していたのです。バブル末期の1992年の日本の実質GDP（国内総生産）は460兆円ほどでしたが、2015年にはおよそ530兆円にまで伸びています。

不動産価値というものは国の経済成長率に連動しますので、バブル崩壊後は大きく下がりました。それが現在はバブル前の水準にまで戻ってきています。そもそもバブル期の不動産価格は、マネーゲームによって経済成長率とはかけ離れて異常に高騰しました。それを考慮すれば、これからも十分値上がりが期待できる投資先といえるのではないでしょうか。

また、日本の経済成長に関しては、今後、非常に期待できる材料が揃っています。その一つ目が「東京オリンピック・パラリンピック」の開催です。2020年に開催される東京オリンピック・パラリンピックの経済波及効果は約3兆円と試算されています。それに伴う雇用誘発数は約15万人です。特に、開催地である東京都の効果は大きく、およそ1兆7000億円、8万4000人との試算もあります。今後、首都圏を中心に景気が上向くのは間違いないでしょう。

さらに「アジアヘッドクォーター特区」による景気上昇も期待できます。

東京都は、2016年までにアジア地域の50社以上を含む外国企業500社以上の誘致を目標とする「アジアヘッドクォーター特区」を推進しています。都内に特区を設けてアジア各国の企業拠点を東京都へ集積させることを目指すものです。業務統括拠点や研究開発拠点を設置する外国企業に対しては優遇税制などが掲げられており、その経済波及効果は約14兆6000億円、雇用誘発数は約93万人といわれています。

このほかにも、2027年のリニア中央新幹線開通や首都高速の整備、首都圏3環状高速道路の完成、東京23区内の交通機関の24時間運行……など、経済活性化の要素を挙げればきりがありません。ですから、少なくとも今後数十年間、首都圏を中心として不動産価値は上がり続けると言えるのです。

経済が上向くと物価はさらに上がっていきます。ところが不動産はインフレに強いため、景気に左右されずに価格が安定し近々大きく値上がりする気配はありません。

とはいえ、もし第二のバブルが来れば値上がりは必至——ということは、今が不動産運用をはじめる絶好のチャンスであり、限りなく底値に近い状態で購入が可能です。私の資産形成の提案は、基本的に不動産運用によるインカムゲイン、つまり家賃収入を得る方法ですが、今のタイミングなら不動産の売却益を得るキャピタルゲインも期待できるのです。

理由2　本業で時間がなくても、管理会社に業務を委託できる

手間がかからないという意味では、不動産は管理を専門家に外注できるということも大きいでしょう。

一口に管理業務といってもその内容は多岐にわたっています。

・入居者の募集
広告作成、チラシやサイトへの出稿、周辺不動産会社への情報提供、物件の案内

・契約業務
入居者審査、契約内容の説明、契約金の受領、鍵の引渡し

・入居者管理

入居立ち会い、家賃集金、家賃滞納者への督促、クレーム処理、モラルのない入居者への対応、設備の故障・修理への対応、近隣への対応、緊急時の対応、鍵の保管

・清掃・除草
外構・外装・敷地内の清掃、除草、植栽のメンテナンス

・建物・設備のメンテナンス
定期点検、補修、専門業者への手配

・契約更新・改定業務
契約更新手続き、賃貸条件の改定

・解約業務
退去までの注意事項説明、敷金の精算、退去立ち会い、鍵の回収、精算書の作成

・リフォーム
リフォーム計画の立案、工事の手配、工事立ち会い

・収支表の作成
毎月・毎年の収支表の作成

これらをすべて医師であるオーナーが行うには無理があります。まして「クセの悪い入居者をどうにかしてくれ」「孤独死の遺体が見つかった」といったイレギュラーなトラブルに見舞われれば素人にはお手上げです。そのため、このような煩雑な不動産管理業務は、プロの不動産管理会社に依頼するのが最善策です。

管理を依頼するということは、当然、手数料が発生します。家賃という安定収入を目指す不動産運用にとって、できるだけ出費は避けたいところですが、一般的な管理手数料は家賃の5％から7％程度です。仮に20戸の中古マンション一棟を所有していた場合、家賃の平均が月額7万円とすれば毎月の収入は140万円になります。

一方の管理手数料は約7万円です。もし前述の管理業務をすべて自分で行うことになったとして、月額7万円の報酬で請け負うでしょうか。おそらくそのような割に合わない仕事をするドクターはいないでしょう。ですから、管理業務の委託は費用対効果の高い出費だといえます。

また、一般的に管理業務と聞くと建物まわりの清掃など、日々のメンテナンスを思い浮かべる人が多いようですが、実はもっとも重要なのは、できるだけ空室を出さないための活動、そして出た場合の入居者募集活動です。

賃貸物件は一度空室が出てしまうと、新たな入居者を見つけるのに多大な労力とコストがかかります。管理会社としても空室分の手数料が入らないのは損失なので、一生懸命空室を出さないための活動や募集を行います。

一方で、広告などのコストはオーナーの負担になります。つまりオーナーと管理会社は持ちつ持たれつ、WIN-WINの関係なのです。

●良い管理会社の見分け方

ただし、管理会社にも優劣があります。その場合、空室を出さないための活動、そして出た場合の入居者募集活動の内容を確認すれば、その管理会社が優れているか否か判断できます。

具体的な方法としては、たとえば毎月・毎年の収支報告書のチェックです。家賃の回収状況や修繕の費用といった収支状況以外にも、「○号室の××さんが、以下の理由で退去します。立ち会いますか？」「○号室の△△さんが犬を飼いはじめました。今のところ鳴き声などのクレームはありません」といった情報も丁寧に報告している会社は信頼できるといえるでしょう。

また、優れた管理会社ならば、より良い住環境にするための提案も出てくるはずです。耐震診断や地震保険への加入、宅配ＢＯＸの設置、物置の設置……など、居住者が喜んでくれるための提案は、結果的に入居率にも大きくかかわってきます。多忙なオーナーとしては満室状態が続いていると、つい入居者満足度アップの工夫を忘れてしまいがちですが、現状維持だけでは年数が経つうちに物件の魅力、価値は下がってしまいます。しかし、このような提案があれば、状況に合わせて設備やサービスを見直すことができます。

さらに、入居者募集の際にも管理会社の手腕が発揮されます。不動産会社というとどこも同じような業務を行っているように思われがちですが、実際には管理が主体、仲介が主体など、得意分野があるケースがほとんどです。

優れた管理会社であれば、一般的な管理業務に加え、入居者居確保のノウハウも持っています。その秘訣は、仲介を主体とする不動産会社にどれだけコネクションがあるか、です。より多くの仲介専門の不動産会社に対して自社管理物件を紹介して回れるかが勝負の分かれ道なのです。

このように、優れた不動産管理会社は経験が豊富です。実績を見極める際には、管理物件1000戸が一つの目安と言えるでしょう。

しかし、だからといって「大手であれば安心」というわけではありません。会社の規模と担当者のレベルは決して比例しないからです。ですから、ある程度の規模の管理会社と分かったら、次は担当者のレベルをチェックしてください。基本は「報・連・相（報告・連絡・相談）」が徹底しているか、です。

収益物件は管理体制が命といっても過言ではありません。もしダメだと判断すれば管理会社は後からいくらでも変更できるので、最高のパートナーシップを維持できるところが見つかるまで比較検討を続けるという手もあります。

理由3 地方在住でも「一括借り上げ契約」「大都市の物件」で空室リスクを軽減

繰り返しますが、不動産運用において一番怖いのは空室です。いくら相場より安くお買い得な物件でも、いくら利回りが高くても空室が多ければ意味がありません。

この空室に対するリスクヘッジに一括借り上げ契約があります。

一括借り上げとサブリースを混同している人がいますが、前者は空室の有無にかかわらず不動産会社がオーナーから一棟丸ごと一定期間借り上げる方法で、後者はその物件を又貸し（転借）することです。一括借り上げの契約を締結すれば、たとえ空室が出たとしても毎月定額の家賃収入が見込めるので、オーナーとしては安心です。

もちろんこの契約は無料ではありません。一括借り上げの手数料の相場は、家賃の10％から20％前後といったところです。しかし、これで空室（＝賃貸収入ゼロ）の恐怖から逃れられるなら安いものではないでしょうか。

ただし、すべての一括借り上げ契約がオーナーのメリットになるかと言えば、そうとも言えません。一括借り上げを行う会社は、主に収益物件を建てる建設会社か不動産管理会社になりますが、いずれの会社にしても自社の利益がなければ契約の締結は見込めません。そのため、手数料の割合や契約期間がケース・バイ・ケースとなることがほとんどです。

たとえば、立地条件が悪かったり築年数が古かったりする物件は、満室を維持するのが難しいため手数料が高めに設定されます。また、契約期間の相場は2年程度ですが、このような物件では1年ごとと短くなり、さらに契約更新の条件として手数料の増加や指定業者による修復工事を求められるケースもあります。

このように、条件によっては大きな費用がかかり、一括借り上げの恩恵が十分に得られないことが考えられます。ところが、あまり立地条件の良くない地域の地主などは「土地を遊ばせて固定資産税を支払うくらいなら、たとえそれでも……」と考えてしまい、このような厳しい条件でも契約を結ぶようです。

●一括借り上げを選択する基準

一括借り上げを行う業者は、管理会社も兼務しているのが一般的です。管理会社と同様に業者はいくらでも選べます。選択する際の目のつけどころは、「今回一括借り上げしてもらうことで目標とする金額にどうつながるか」と「どのように開業への足掛かりになるのか」を明確に説明できるかどうかです。

「割のいい手数料をもらえれば、管理はある程度いい加減でいい」と思っているようなやる気のない業者は論外ですが、物件を満室にすることを前提に手数料を設定し、「あなたが儲かったうえで私たちも儲けさせていただきます」というスタンスの業者を選ばなければいけません。正確な収支表の作成や定期的な状況報告は当たり前です。そのうえで「この部分をこのようにリノベーションすれば○○をターゲットにしたクリニックができますよ」といった医師オーナー向けの提案ができることが望ましいでしょう。

まじめに一括借り上げに取り組む業者は、契約する物件選びにも真剣です。駅からの所要時間、周辺の商業施設、建物自体の価値など、プロだからこその選択眼によって判断し、契約を締結するか否かを決定します。つまり、そういった会社が一括借り上げを決めた物件は、それだけで魅力があるというお墨付きを得たも同然です。

私の会社も一括借り上げを行っているのですが、その際には、毎月の収支表といった書面での業務報告と同時に口頭での業務報告、つまり直接のコミュニケーションも欠かしません。書類だけでは分からない細かな疑問点もすぐにフォローすることができるからです。

相手が信頼できる会社と判断できれば、一括借り上げ契約を締結したほうが手間も掛からず、安心できる不動産運用になります。

また、一括借り上げ契約を利用するメリットは、手間や空室リスクの軽減だけではありません。この契約によって所有する物件の地域を全国、または海外にまで広げることが可能になるのです。

●初心者は大都市を選べばまず安心

不動産投資をはじめるなら、地域は首都圏、大阪、名古屋、福岡など大都市に絞り込むのが得策です。日本はこれから人口減の時代に突入しますが、これらの地域であれば、リスクを軽減できます。たとえば、東京とニューヨークの人口推移を比較してみましょう。

ニューヨーク市域の面積は、東京23区の約2倍です。2000年の人口は、どちらも800万人強という近い数字でしたが、2010年には東京のほうが60万人以上多くなっています。人口増加率はニューヨーク2・1％に対して、東京は9・0％です。

自分の目が届く地域の物件でないと心配だという人は多いのですが、しっかりした管理会社と一括借り上げ契約を結べば全く問題ありません。実際に私のクライアントで沖縄県

✚ 人口上位20か国の推移

2015年 (単位100万人)

順位	国(地域)	総数
	世界	7,349
	20位までの合計	-70.4%
1	中国	1,376
2	インド	1,311
3	アメリカ合衆国	322
4	インドネシア	258
5	ブラジル	208
6	パキスタン	189
7	ナイジェリア	182
8	バングラデシュ	161
9	ロシア	143
10	メキシコ	127
11	日本b	127
12	フィリピン	101
13	エチオピア	99
14	ベトナム	93
15	エジプト	92
16	ドイツ	81
17	イラン	79
18	トルコ	79
19	コンゴ民主共和国	77
20	タイ	68

2030年 (単位100万人)

順位	国(地域)	総数
	世界	8,501
	20位までの合計	-69.0%
1	インド	1,528
2	中国	1,416
3	アメリカ合衆国	356
4	インドネシア	295
5	ナイジェリア	263
6	パキスタン	245
7	ブラジル	229
8	バングラデシュ	186
9	メキシコ	148
10	ロシア	139
11	エチオピア	138
12	フィリピン	124
13	コンゴ民主共和国	120
14	エジプト	117
15	日本b	117
16	ベトナム	105
17	イラン	89
18	トルコ	88
19	ドイツ	83
20	タンザニア	79

※日本bは国立社会保障・人口問題研究所「日本の将来推計人口」による
統計局のデータをもとに作成

に住むドクターは、大阪府にいくつもの不動産を所有して十分過ぎるくらいに収益を上げています。もちろん、空室の心配をすることもなく本業に打ち込んでいます。

●利回りを考えれば海外物件も

それでも日本の人口減が心配、またはより利回りの良い物件を所有したいというのなら、海外の物件を購入するという手もあります。

新興国やアメリカなどの一部の先進国は、今後も人口が増えると予想されていますし、また、経済の成長率も日本を上回る可能性が高いでしょう。ならば、それらの地域の賃貸市場も拡大傾向にあるといえます。

さらに海外の物件を所有すれば、為替レートの上昇によるキャピタルゲインも狙えます。たとえば、アメリカの物件を1ドル100円のときに100万ドルで購入したとします。それを1ドル120円のときに売却すれば次の価格になります。

購入時：100万ドル（1ドル100円）＝1億円
売却時：100万ドル（1ドル120円）＝1億2000万円

為替レートの上昇だけで2000万円の利益が出ました。もし現地の物件価格そのものも上昇していれば、さらに多くの利益が得られます。

新興国の物件を購入する場合は、日本に比べて物価が安いので、その国の一等地の物件を視野に入れることができます。日本でいえば、六本木や表参道のマンションなど、富裕者層に人気の物件です。これから経済が急成長する国の一等地の物件ならば、より安定した家賃収入とより多くのキャピタルゲインも期待できるでしょう。

もちろんいいことばかりではありません。為替レートが下がることも考えられますし、現地の物件、管理会社だけでなく政情なども見極める目が必要です。

最低でも次のことは調べなければならないでしょう。

- 今後の人口動態
- 賃料相場
- 平均収入
- 今後の地域開発予定

・外国人でも医療施設を開業できるのか
・税制

実際には、日本在住のドクターが、現地のこのような情報を得るのは不可能に近いと言えます。しかし、見つけるのは難しいものの、それぞれの国の事情に詳しい日本の仲介会社は存在しているので、そのような会社に現地調査を依頼するのが近道でしょう。私の会社でも国は限定されますが、海外の物件の仲介を行っています。

理由4　分析・研究に時間をとられない

不動産運用の成功の鍵は、なんといっても立地条件と管理体制です。この2つが優れた物件を購入できれば、あとは管理会社に任せることで毎月の安定収入が確保できます。不動産運用に対する専門的な知識はほとんど必要ありません。株やFXのように経済や世界の情勢などに対して常にアンテナを張り巡らせる必要はないのです。日々忙しいドクターにとっては、本当に相性の良い投資といえるでしょう。

とはいえ、さすがに何も知らないのは不安という人のために、基本的な不動産運用にかかわる指標を紹介します。

GPI（Gross Potential Income：潜在総収入）

満室・滞納なしを前提とした1年間の家賃収入の総額

EGI（Effective Gross Income：実効総収入）

GPIから周辺相場の空室率を差し引いた空室損、一括借り上げの手数料、滞納者がいる場合の未回収損を差し引き、さらに駐車場や自動販売機などの雑収入を足した実際に入ってくる収入。EGI＝GPI－空室・各損失＋その他収入

OPEX（Operating Expense：運営費用）

物件の運営管理にかかる費用や固定資産税・都市計画税、損害保険料などランニングコストの合計

NOI（Net Operating Income：営業純利益）
EGIから固定資産税などの税金、不動産管理会社への手数料、共用部分の電気代や水道代などの運営費を差し引いた金額。NOI＝EGI－OPEX

CapRate（Capitalization Rate：キャップレート、総合還元利回り）
オーナーの期待する不動産還元利回り。実際には、リスクのない長期国債の利回りに、不動産のリスクに応じて期待する上乗せ収益と、物件固有のリスクに応じて期待する上乗せ収益（地域・築年数・構造など）を合算して導き出されるケースが多い。CapRate＝NOI÷物件価格

ADS（Annual Debt Service：年間総返済額）
年間の利息と元利の返済総額。元利均等返済の固定金利ローンの場合、ADSは毎年一定額となる。ADS＝年間元金返済額＋年間利息返済額

BTCF（Before-Tax Cash Flow：税引前キャッシュフロー）

ＮＯＩからローンの年間総返済額（ＡＤＳ）を差し引いた、最終的に手元に残る金額。ＢＴＣＦ＝ＮＯＩ－ＡＤＳ

ＡＴＣＦ（After-Tax Cash Flow：税引後キャッシュフロー）

収入を得たことによって発生する税金を引いたものが税引後キャッシュフロー。対象物件に不動産投資したときに発生する税金などを引いた実際の収益。ＡＴＣＦ＝ＢＴＣＦ－ＴＡＸ

ＬＴＶ（Loan To Value：借入金割合）

借入金額の物件価格に対する割合。ＬＴＶ＝借入額÷物件価格

ＦＣＲ（Free and Clear Return：総収益率）

ＮＯＩを物件価格や諸費用など物件を購入するために費やした金額で割った数値。総コストに対して物件がどれだけの収入を生んでいるかを示す指標。ＦＣＲ＝ＮＯＩ÷総投資額

K%（Loan Constant：ローン定数）

ADS（年間返済総額）のローン残高に対する割合。K%とFCRを比較することによって、レバレッジ効果が働いているかどうかの判断ができる。K%＝ADS÷現在のローン残高。

CCR（Cash on Cash Return：自己資本配当率）

BTCFを自己資金で割ることで算出。自己資金に対してどれだけのリターンがあるのかが分かる。Con C%、EDR、ROE、ROIと言うこともある。CCR＝キャッシュフロー÷自己資金

DSCR（Debt Service Coverage Ratio：借入償還余裕率）

NOI（営業純利益）をADS（年間元利返済額）で割ったもの。ローン返済の何倍の収入があるかを算出し、大きければ大きい程リスクが低く、小さければ小さい程リスクが高くなる。DSCR（借入償還余裕率）が1以下であればデフォルトの状態。DCR＝NOI÷ADS

不動産運用にかかわる指標はこのほかにもたくさんあります。投資家のなかには、まるで受験生のように時間を費やしてこれらを覚え、さらにこれらの指標から割り出した合格ライン以上の物件探しに躍起になっている人がいます。

しかし本来、このような指標による物件の分析は、我々のようなプロに任せればいいのです。プロならばこのような指標による分析のほかにも、これまでのノウハウや業界の情報を考慮して、世の中に何万棟とある収益物件のなかから顧客にとって最適な物件を見つけ出すことができます。

指標には現れない「この土地柄だからあなたに向いている」「たしかに現状のBTCFは少ないが、新サービスでの開業は可能」といった提案ができるのがプロです。忙しい皆さんが一生懸命ノートに書き込んで計算するべきではありません。

指標の理解はそこそこで結構ですから、あとはその指標を使って説明する不動産業者の提案の中身を吟味してください。

理由5　高所得者ほど大きい節税効果

高額納税者にとって不動産運用による節税効果は非常に大きなメリットです。不動産から得た収入は、勤務医としての給与所得と合算する「損益通算」をして確定申告することができます。

これだけ聞くと特別なこととは思えないかもしれませんが、株やFXで得た不労所得は損益通算の対象にはなりません。これが、株やFXの値上がり益にかかる税率が一律約20％という部分です。

給与と合算できるのは事業所得だけであり、ここが株やFXと不動産運用の決定的な差です。事業所得は、家賃などで得た収入から減価償却費や金利といった費用を事業損失として差し引いて計上することができます。減価償却とは、事業を行うにあたって必要な建物や高額な設備などの購入費を、一度に経費計上しないで何年かに分けるという考え方です。

建物などは大変高額なので、たとえば法人の場合は一度で経費計上してしまうと、その年の決算が大赤字になる可能性があります。また、このような建物や高額な設備は1年限りの消耗品ではなく数年にわたって使用できるものなので、使う年数に応じて小分けに計上するのが合理的ともいえるでしょう。

国ではそれぞれの物品に耐用年数を定めています。計上する金額は、購入金額をその年数で割ったものになります。主な物品の耐用年数は次のようになっています。

鉄筋コンクリート（RC造）住宅：47年（病院用は39年）

木造住宅：22年

給排水、ガス設備：15年

普通自動車：6年

コピー機、テレビ：5年

パソコン：4年

不動産運用を行えば、必要不可欠な建物やOA機器などの減価償却費を、勤務医としての収入から差し引いて確定申告できるのです。

ここで高額納税者にとってなぜ損益通算できる不動産運用が向いているかを具体例で説明しましょう。

たとえば勤務医としての給与所得が年間1500万円だった場合、税率は所得税と住民税で43％、納税額は645万円（分かりやすくするために各控除は考慮しません）になります。

ここで1億円の物件（自己資金1000万円、銀行からの融資9000万円）を購入すると、減価償却費や金利、登記代、火災保険料、リフォーム代などが経費として認められ、減価償却費が約450万円、金利が約150万円、その他を合計すると約1200万円が経費として計上できるわけです。

ただし、この物件は家賃収入が年間約1000万円ありますので、差額の200万円が損益通算できます。すると、給与所得1500万円から不動産運用損の200万円を引いた1300万円が課税対象となり、559万円（1300万円×43％）が納税額となります。物件を持たないときの納税額が645万円ですから、不動産運用することで86万円の節税が実現しました。

このように不動産運用は、高額納税者になればなるほど節税効果が期待できます。

●押さえておきたい「減価償却費」

ここで「200万円の不動産運用損に対して、節税効果が86万円では、114万円のマイナスではないか」と気づいた人も多いでしょう。

しかし、運用損には「減価償却費450万円」が含まれていることに注目してください。この減価償却費450万円というのは、損益通算上マイナスとして計上していますが、実際に皆さんの手元にある現金等のキャッシュが減るわけではありません。

つまり1200万円の経費には、毎年払うことのない建物の減価償却費が半分近くを占めているので、実際には現金が手元に残ります。そのうえで給与所得と損益通算できることで節税効果もあるのです。

もちろん不動産運用は黒字経営が大前提です。この前提がなければやる意味がありません。一方で不動産運用をはじめてから1~2年は、リフォーム代など様々な諸経費がかかるため、マイナス決算になることは想定しておくべきです。

不動産運用では、この期間を過ぎてからの黒字化を目標とします。黒字になれば、当然給与所得と合算しての節税はできなくなります。

したがって不動産運用にとって、節税効果はあくまでも初期の付加価値と考えてください。長期的には、家賃収入によるインカムゲインによって資産を増やしていくことが第一となります。

理由6　高い信用力を活かし、資産10億円への道筋が具体的に描ける

不動産運用はほかの投資方法に比べ、シンプルかつ安定したスキームで資産10億円を実現できます。その流れを非常に簡単に説明すると以下のようになります。

（ステップ1）医師ならではの信用力で融資を利用して物件を購入

現在、日本の一般的な物件価格は、ワンルームマンションなど安価な物でも2000万～3000万円、一棟買いなら数億円に上ります。いくら高所得な医師でも現金で買える人はあまりいないでしょう。しかし、信用度の高い医師ならば比較的スムーズに融資を受けることが可能なので、資金調達に困ることはありません。

（ステップ2）毎月安定した家賃収入が得られる

不動産運用の最大の魅力は、いったん入居者が決まると継続して家賃収入が得られるこ

とです。これによって計画的、安定的なローン返済が可能です。つまり自身の給与や貯蓄から出費することなく物件を入手することができるのです。

（ステップ３）運用実績を活かして複数の物件を所有する

最初の不動産運用が軌道に乗れば、銀行はさらなる融資をする可能性が高まります。この機会に複数の物件を所有します。もちろん返済は家賃からなので自分の懐は痛みません。つまり単純に考えれば、2億円の物件を5棟所有すれば、資産10億円が達成できるということです。

そんなに上手くいくはずがない、と思う人がいるかもしれませんが、実際に私のクライアントの多くはこのようなスキームで資産10億円を実現しています。

その可能性をよりリアルに感じていただくために、具体的な運用例を次章で説明しましょう。

第 4 章

「区分」と「一棟」の同時所有。医師は融資でレバレッジを効かせた投資をせよ

REAL ESTATE INVESTMENT

医師が最初に買うべき不動産とは何か？

医師という特性により、損をしにくく節税効果も高い不動産運用。その理由はご理解いただけたかと思います。

しかしながら、当然どんな物件を購入しても損をしないわけではありません。一言で収益物件といっても中身は千差万別です。プロでさえ、常に最新情報を入手するために努力を続けていないと時代の波に乗り遅れてしまいます。

では、医師が最初に買うべき物件はどのようなものなのでしょうか。立地に関しては前章で解説したので、本章では建物の話からはじめましょう。

収益物件には、主に次のような種類があります。

- 新築木造アパート
- 新築鉄骨造アパート
- 新築RC（鉄筋コンクリート）造マンション

・中古木造アパート
・中古鉄骨造アパート
・中古ＲＣ（鉄筋コンクリート）造マンション

どれを選ぶかは、予算、立地など他の条件によってケース・バイ・ケースですから、一概にこれがいいとは言えません。

ただし、一つ言えるのは新築、中古問わず木造は避けたほうが賢明だということです。木造はイニシャルコストは安いのですが、劣化が早いためランニングコスト、つまりメンテナンス費用が多くなりがちです。その証拠に減価償却期間の基準となる法定耐用年数があります。ＲＣ造が47年であるのに対して、重量鉄骨造は34年、木造だと22年と圧倒的に短くなります。

木造の耐久性が劣る主な部位は外壁と屋根の防水処理です。木造は、地震などに対してある程度揺れることで損傷を防ぐ柔構造なので、これらの劣化が早くなるのです。いずれも15年前後ごとに修繕工事が必要となり、１００万円単位の費用がかかります。そのほかにも思わぬ部位が傷んで、収支計画が狂ってしまうことが少なからずあります。

もし、このような修繕を怠ると、以下のような状況が発生します。

修繕をせず放置

↓

劣化が進み家賃を下げざるを得ない

↓

同時に入居者の不満もたまり空室率が上がる

↓

収入が減少し修繕したくてもできなくなる

↓

劣化が進み家賃を下げざるを得ない

このような悪循環に加え、「家賃の値下げによってモラルの低い入居者が集まり家賃滞納が増大する」「地震や台風で劣化した設備が落下、入居者がケガをして損害賠償が発生」といったトラブルも想定できます。

一方で鉄骨やRC造は、地震力に対して変形しない剛構造です。外壁や屋上の防水処理が木造ほど早く劣化することはありません。またRC造マンションの外壁の多くはタイル貼りなので、基本的にほとんど劣化しません。メンテナンスフリーです。

ただし、鉄骨造、RC造問わず1981年以降に完成した物件を選ぶようにしましょう。阪神淡路大震災では、1981年以前に建てられた建物に特に多くの被害が出ました。それは、この年の6月に建築基準法が改正され、これ以降に完成した建物の耐震性が大幅に上がっていたからです。

もし、より安心な物件を求めるなら「住宅性能表示制度」の耐久性等級3を取得している物件を選べばいいでしょう。

同制度は2000年に施行された品質確保法によって、第三者機関が物件の耐久性や耐震性などの性能を評価（任意）するものです。建築基準法が定める最低基準が「等級1」、60年程度の耐久レベルが「等級2」、90年程度の耐久レベルが「等級3」となっています。「等級3」のマンションには「100年コンクリート」などと呼ばれている強度の高いコンクリートが使用され、長寿命が期待できます。メンテナンス費用がかかりにくく、入居者に対しても安心感のアピールができるといった意味でお勧めです。

最後に、もう一つ建物の構造に関して考慮していただきたいのは、「将来、物件内に病院を開業するとなった場合、患者がどのような印象を持つか」です。木造アパートの1階にある病院と、RC造マンションの1階にある病院を想像してみてください。信用度はどちらが上でしょうか？

内装に関しては木質感があったほうが、患者さんは癒されることもあるでしょう。しかし、それは木造だけでなくどの構法でも実現可能です。また、木造の場合は5年から10年ごとの白アリ防除工事が必須になります。費用がかかるうえに、人によっては床下に散布した薬剤によって健康に悪影響が出る可能性も否定できません。

立地は「首都圏をはじめ大都市または海外」、建物は「木造以外」――これが私がお勧めする収益物件の最低条件です。

医師ならではのレバレッジが効いた資金調達法

物件選びについてだいたいの目処が立ったら、あとは、実際に物件と不動産会社が作成する収支計画書を吟味していきましょう。

ただし、決めるといっても大前提として予算がなければ購入できません。

・新築鉄骨造アパート
・新築RC（鉄筋コンクリート）造マンション
・中古鉄骨造アパート
・中古RC（鉄筋コンクリート）造マンション

このなかでもっとも安価なのは中古鉄骨造アパートです。しかし、これでも首都圏の物件で安定した入居率を期待できるレベルの物件なら1億円ほどになります。

中古ワンルームマンションの区分所有ならば2000万円前後で購入可能ですが、中古は入居者に敬遠されがちなため、一括借り上げ契約の条件が悪くなります。また、そもそも2000万円程度の物件を所有していても、本書が目標とする資産10億円への道ははるか彼方。やはり最初から区分所有ではなく一棟を狙うべきです。

一棟を狙う場合には、最低でも1億円の予算は確保しておきたいところですが、いくら高所得なドクターでも、キャッシュで1億円を持っている人は少ないでしょう。しかし、全く問題ありません。実際に私のクライアントであるドクターの多くは、１０００万円前後の自己資金で不動産運用をはじめているのです。

なぜそのようなことが可能なのか？

それは、医師の特性によって年収の20倍前後の資金を銀行から借りることができるからです。

医師という職業は、融資を行う銀行にとって弁護士や会計士と並ぶ最上位の個人属性です。しかも、この最上位という属性の効果は今後さらに高まっていくはずです。なぜなら、一般的なサラリーマンは今後あまり収入が上がらないといわれているからです。

これから日本経済は好景気に向かうと思われますが、それは企業側だけのこと。収益を上げた企業は、経済のグローバル化によって法人税の低い海外に拠点を移していくことも増えていくかもしれません。

日本の法人税率（法定実効税率：約30％）は、世界でもトップクラスの高さだと言われています。一方でシンガポールや台湾など東南アジアは10％台、欧州諸国でも20％台後半が主流です。政府は今後5年以内に6％程度の引き下げを予定していますが、その程度では企業の日本離れは止められないでしょう。

そのため、日本企業は海外へ資本を投入し、市場開拓と同時に雇用も現地で行うようになります。現地のことは現地の人間に任せたほうが効率も上がりますし、何より人件費が安いからです。

そこで取り残されるのが日本のサラリーマンです。新聞やニュースなどでは「ボーナスが○%アップ」などといっていますが、それはあくまで一時的なボーナスで固定給は変わっていないところがほとんどです。すでに高い賃金を支払っている日本のサラリーマンに、企業側はこれ以上の増額を考えないでしょう。

医師への融通は通りやすい

一方で日本政府は景気対策のために今後も金融緩和を継続していく方針のため、金融機関にはお金が余っていくはずです。

「インフレが進むなか、労働人口の大多数を占めるサラリーマンの収入は上がらないだろう。リストラだってあり得る。ならば少数でもお金持ちへ。そのなかでも将来の安定性が約束されたドクター。特に勤務医だ」。このようなロジックで金融機関は、今まで以上に医師へお金を貸したがっています。

ある銀行員は「年収5000万円の外資系会社員と年収1500万円のドクターならドクターのほうにお金を貸す」とまで言い切っていました。

また、私のクライアントの女性医師は、育休中にもかかわらず一回で融資審査が通りました。しかも医師だからという理由で、サラリーマンなら絶対あり得ないほどの年収倍率の金額を借りることができたのです。信用力がある医師ならばこのように数年先の年収、いわゆる「見込み年収」で融資を受けることも可能です。

「レバレッジ」効果が、資産形成には不可欠

資産運用を成功させるために、もっとも活用すべきは「レバレッジ効果」です。

レバレッジ＝テコ。つまり少ない資産を元手に、大きな取引をすることです。最上位の個人属性である医師ならば、金融機関はたとえ現在の年収が少なくても不動産運用のためならばより低金利で、より多額の融資をしてくれます。上限額の目安は年収の20倍前後、年収1500万円なら3億円です。一般的なサラリーマンなら10倍がいいところですから、

年収500万円ならば5000万円です。

予算が3億円あれば、都心近くに20戸ほどの鉄筋コンクリート造マンションが買えます。家賃が月々10万円なら年間の家賃収入は2400万円になります。一方、5000万円しかなければ、地方都市に8戸ほどの木造アパートといったところです。家賃が月々5万円なら年間の家賃収入は480万円程度です。

年収は3倍なのに家賃収入は5倍、これがレバレッジ効果です。いかに医師が不動産運用に向いているかが分かります。

私は医師以外にも高所得者の知り合いが多数いますが、不動産運用をしないで10億円以上の資産を持っている人は一人もいません。

10億円以上の資産を持つ人の多くは、不動産運用以外にも株など複数の収入源を持っています。しかし、彼らはこれらで稼いだお金を最終的に不動産購入の頭金へ回します。結局、安定的に億単位の収入を得る手段は不動産なのです。

融資を受けられるのが不動産投資の最大の魅力

融資とは借金です。日本人は「借金＝悪」と考える人が多く、「借金をすればいいでしょう？」と言うと、ほとんどの人が「とんでもない！」と答えます。特に事業資金を借りると聞くと、「あそこは自転車操業をしている」と後ろ向きにとらえるようです。

起業が盛んな欧米と違い、日本では借金に対して小さい頃からマイナスのイメージを植え付けられているからでしょう。しかし、私たち資産運用の専門家から見れば、それはただの「食わず嫌い」です。借金を恐れてはいけません。

「レバレッジ効果＝借金効果」。経営学的にはこのような式が成り立ちます。借金をしない限りレバレッジ効果はあり得ません。同じ1500万円の年収でも、レバレッジ効果を利用するかしないかによって、リタイア後の資産に数千万円と10億円ほどの差が生まれるのです。それでも借金は怖いですか？

たとえば借金が怖い人は、住宅ローンを組んだときも繰り上げ返済でできるだけ早く返そうとします。しかし、よく考えてください。現在の住宅ローンの金利は1％から2％といったところです。こんなに低金利なら放っておいて構いません。繰り上げ返済をする資金があるなら、7％や8％といった利回りの不動産運用に回したほうが、効果的な資産形成ができるのではないでしょうか。

実際、運用するとなったときには金利2％から3％の借金をすることになりますが、それでも繰り上げ返済をするより手元に残る資産は多くなります。

さらに不動産運用には、節税というメリットもあります。金融機関は、株やFXの運用資金には融資をしてくれません。なぜなら、これらの資産価値はゼロになる可能性があるからです。

ところが不動産運用は、不動産そのものに担保価値があり、家賃収入も見込めるので融資の対象となります。経営にしても、事業についての知識がない素人が一般的な金融機関から借りられる資金は、不動産運用以外にあまり見当たりません。

万一、ローンの返済ができなくなったとしても不動産であれば売却が可能ですし、普段は医師としての収入で生活していれば、路頭に迷う可能性は極めて低いといえます。それどころか、それまでの家賃収入が貯蓄として残るのです。

また、ほとんどの勤務医、特に公的病院に勤めている場合は副業が禁止されているはずです。しかし、親からの相続といったことも想定される不動産の運用は、禁止対象から外れます。

医師だから活かせる絶大なレバレッジ効果。この最大の武器を利用しない手はありません。

ただし、金融機関によって融資額の上限や金利は異なります。多忙を極めるドクターに、各金融機関に交渉する時間はほとんどないはずです。そのため医師が不動産運用で成功するには、その道に詳しい不動産会社や会計士などの専門家を事業パートナーに持つことが重要といえるでしょう。

不動産ポータルサイトの活用方法

ターゲットとなる物件の条件も予算確保の方法も分かりました。では、いざ物件を探すにはどうしたらいいのか――多くの人は不動産ポータルサイトを見るか、収益物件専門の不動産会社を探すと思います。しかし、前者はお勧めしません。

現在、物件探しの主流はインターネットです。希望の物件があるエリアにわざわざ行かなくても建物の様子や価格、利回りなどの情報を簡単に入手できます。「スーモ」や「ホームズ」「ヤフー不動産」といったメジャーなサイトから、「楽待」「クリスティ」「健美家」など、収益物件の専門サイトは多種多様です。日本全国すべての情報が網羅されているように感じます。「これだけの情報があれば、いくらでもお宝物件が見つかりそう」と思ってしまうでしょう。

ところがそれが落とし穴です。まず収益物件を探すなかで、もっとも気になる利回りでさえ信用できません。

「利回り」とは物件価格に対する年間の家賃収入の割合です。たとえば1億円の物件の家賃収入が年間1000万円なら利回りは10%となります。つまり10年で物件購入価格を回収できるということです。

この数値が高ければ高いほど収益性の良い物件ということになるのですが、先ほどのような不動産ポータルサイトに表示されている主な利回りは「表面利回り」と言われるものです。これは満室状態の家賃収入から割り出した数値になりますが、実際には常に満室になるわけではありませんし、基準となる家賃もいずれ下げなければいけなくなります。さらに、物件の状態によってはすぐに補修工事が必要となる場合もあり得ます。

本来、利回りというものは、ある程度の空室やその周辺地域が持つそれぞれの特徴を加味した「実質利回り」を指すべきです。しかし、ほとんどのサイトの情報からはそれを読み解くことはできません。

押さえておきたい不動産情報についての基礎知識

また、不動産ポータルサイトの情報は極めて少ないものが目立ちます。時間があれば各物件の詳細情報を確認してみてください。「間取りが分からない」「写真がない」というものはもちろん、なかには「価格と住所以外の情報がない」といった物件も多数見つかるはずです。

さらに、その情報も正確かどうかは分かりません。そこには同業者としてはずかしいことですが、不動産業者のモラルの問題があります。

そもそも不動産表示に関する公正競争規約では、嘘をつかないことはもちろん、消費者が不動産を選ぶ際に表示するべき事項が定められています。

不動産広告には以下の事項について表示基準があります。

●物件の内容・取引条件等に係る表示基準

1. 取引態様
2. 物件の所在地
3. 交通の利便性
4. 各種施設までの距離または所要時間
5. 団地の規模
6. 面積
7. 物件の形質
8. 写真・絵図
9. 設備・施設等
10. 生活関連施設
11. 価格・賃料
12. 住宅ローン等
13. その他の取引条件

●節税効果等の表示基準

●入札及び競り売りの方法による場合の表示基準

たとえば、「4．各種施設までの距離または所要時間」の場合、基準となる徒歩時間は1分で80メートルとして表示することになっています。しかし、各担当者の感覚や、地図を見てだいたいの距離で出されたもの、あるいは少しでも価値を上げようと短めにされているものなど、実際の所要時間とは異なる表示がされているものも少なくありません。

また、不動産広告は「宅地建物取引業法」と「不当景品類及び不当表示防止法」によっての誇大広告が禁止されています。そのため、公正競争規約では、次のような用語について表示内容を裏づける合理的な根拠がある場合を除き、その使用を禁止しています。

- 特選、厳選
- 日本一、抜群、当社だけ
- 完全、完ぺき、絶対
- 格安、掘出、底値
- 完売など著しく人気が高く、売行きが良いことを意味する用語

・最高、最高級など最上級を意味する用語

ところが、新聞折り込みの不動産チラシなどで「眺望最高」「日当たり抜群」といった売り文句を日常的に見ていないでしょうか。残念ながら不動産業界は未だにこのようないい加減な業者が多いため、広告の信用性も高いとはいえないのです。業者のモラルという意味では、以前私のところへ相談に来たドクターでこのような人がいました。

彼は不動産運用に関してすでにかなり勉強しており、インターネットを駆使してある中古物件を見つけていました。その物件は現状として満室で利回りが周辺の相場よりも若干高く、価格も手が届く範囲でした。また、現地へ行って物件を確認しても特に問題は見当たらなかったそうです。

そこで購入を決意。ローンの審査もすんなり通り、売買契約に至ります。ところが数日後、再度現地に行くと衝撃の事実が発覚しました。2階の1部屋にはカーテンがかかっておらず、どう見ても入居者のいる気配がないのです。急いで仲介した不動産会社に駆け込み、問いただすと「満室という表示がありましたか？　それならサイト運営会社のミスで

すね」と開き直って答えたそうです。

その態度からしても確信犯としか思えません。そこで、このドクターは知り合いのドクターに紹介してもらい、私のところに相談にきたわけです。

結局、この契約は様々な交渉の末、解除できましたが、このような悪質な不動産業者は、実際に多くいます。そして、マンガや小説に出てくるような姑息な手で何とか成約に結びつけようとするのです。

不動産物件のチェックポイント

もちろん、すべてのサイトの情報が間違っているわけではありません。むしろ正確なものがほとんどでしょう。では、いざサイトで希望通りの物件を見つけたとき、それを買うべきかどうか、どのような基準で判断すべきでしょうか。

まず、その地域の人口動態や産業構造などから「どれだけ高い入居率を維持できるか」を調べる必要があります。これらはインターネットで検索したり、その地域の役所の土木課、建築課などに問い合わせたりすれば分かります。さらに、その地域の不動産会社へ行き、周辺の入居率を聞いて回るのも有効です。

現地を訪れるなら周辺の環境もチェックしましょう。商業施設や病院など生活に不可欠な施設はあるか、単身向けならコンビニへの距離、ファミリー向けなら学校への道のりなどを確認します。学校への道のりは、距離だけでなく車の往来がどれくらいあるのかといった、交通量も注意して見るようにしましょう。その他、葬儀場やお墓などいわゆる嫌悪施設が近くにないかも重要です。

このような周辺環境のチェックは、実際に住む人の気持ちになることが大切です。自分でも「これは住みやすい街だ」と思えれば合格でしょう。

次に、物件そのもののチェックポイントとしては、まず外観です。見た瞬間にくたびれた印象を持つようであれば、相場よりもよほど家賃を下げるか、リフォームをしないと満室は望めません。また、あまりに奇抜なデザインも入居者が限定されるので、避けたほうが無難です。

さらに基礎にヒビが入っていないか、建物の中に入ったときに傾きを感じないか、湿気はないか、などをチェックします。傾きに関しては水平器やスマートフォンのアプリで測れますし、室内のドアや窓を開閉したときの引っかかりの有無でも確認できます。湿気を感じるようなら雨漏りや水漏れのおそれがあります。

内装のきれいさやデザインは比較的安価に改善できますが、構造的な傷みは多額の費用を要しますので、ここは入念にチェックしたいところです。

結局、物件購入の決断の際には、実際に現場に行き、見聞きすることで得られる生の情報が必要となります。ですから、サイトの情報はあくまで相場感をつかむ程度ととらえていたほうが無難です。

資産10億円を実現する3つのプラン

前章の最後で資産10億円までの流れを簡単に説明しました。ここでは、具体的な資産10億円実現プランを3つご紹介します。どれも実際に私が提案して成功したプランです。

●最短で10億円を築く2年プラン

医師が最短で資産10億円を実現するために購入すべき収益物件は、区分所有の新築マンション2戸と中古マンション一棟です。費用としては新築マンションが1戸当たり

2500万円前後、中古マンションが一棟当たり2億円前後で合計2億5000万円から3億円といったところでしょう。

スタートから複数所有はリスクが高過ぎる、と思われるかもしれません。私も普通のサラリーマンであれば絶対にこのような提案はしませんし、そもそもローンの審査が通りません。しかし、医師であればローン審査が通る可能性は非常に高く、年収1500万円なら20倍となる3億円程度まで融資してくれる金融機関が複数あります。

前述のように不動産運用の最大の武器はレバレッジ効果です。少ない元手でどれだけ大きな運用ができるか、ここに成功の鍵があります。しかも一棟を所有していれば、たとえ2割程度の空室が出ても赤字になることはありません。むしろ、リスクヘッジとして一棟買いは必要とも言えるのです。

新築マンション2戸と中古マンション一棟を所有していれば、毎月の家賃収入250万円前後、年間で3000万円程度が見込めます。この状態で1年ほど不動産運用に慣れていただきます。そして、この間に何も問題がなければ、金融機関は勤務医としての年収が1500万円あるので合計4500万円を年収と見なします。つまり融資可能額は4500万円の20倍、9億円になります。

これを元手に9億円の物件を購入すれば、わずか1年程度で最初の物件の合計金額3億円と合わせて総額12億円の資産を保有できるのです。

とはいえ、これはいくら何でも強引な話。家賃収入250万円といっても、実際はローンの返済や固定資産税などで150万円程度が引かれ、手元に残るのは100万円前後になります。もちろん、医者という肩書きなら9億円の融資は不可能ではありませんが、満額借りてしまうと返済で生活が苦しくなるでしょう。つまり現実的ではありません。

ここは手元に残った毎月100万円を1年間しっかり貯蓄しておき、合計1200万円を次の物件の頭金に回すというほうが確実です。そして手堅くもともとの年収1500万円と、年間3000万円の家賃収入の3分の2にあたる2000万円を合わせた3500万円を実質的な年収と見なし、次の物件購入のために融資を申し込むのです。その際の金額は3500万円の20倍、7億円とします。この金額なら今までの生活レベルを維持したまま無理なく借入と返済ができるでしょう。

最初の物件を購入して1年後に次の物件を買う準備をはじめれば、トータル2年以内に資産10億円（最初の物件の合計金額3億円＋7億円）が実現できるはずです。

しかもその後は家賃収入の実質的な収益が毎月300万円程度あるので、年収が

3600万円アップします。勤務医を続けていれば合計で年間5000万円以上の現金収入があることになるのです。

この本を読み終わってわずか2年後には、資産10億円と年収5000万円――ぜひ想像してみてください。

●節税効果を実感しながら慣れていく3・4年プラン

私は、先ほどの2年プランで何度もドクターの資産10億円達成をお手伝いしています。しかしながら、実際に不動産運用をはじめてから1年後に「7億円の物件を買いましょう」と提案をすると、やはり「もう少し慣れてからにしたい」と躊躇される方が多いのも事実です。

その場合、まずは節税効果を実感しながら不動産運用に慣れるという意味で、3年から4年かけて資産10億円を実現するプランを描きます。具体的には最初に3億円、1年後に5億円、2年後に7億円、3年後に10億円と、2年プランよりも段階を踏んで資産を増やしていくのです。

このプランのメリットは不動産運用に徐々に慣れていくことと、不動産取得税を経費として複数回計上することで長期間にわたって節税効果を得られることです。

不動産取得税とは、文字通り不動産を取得したときに都道府県が課税する地方税です。取得後半年から1年後に届く納税通知書で金融機関に納税します。納税額の基準となる固定資産税評価額は実売価格の約7割に設定され、これに税率をかけて納税額を算出します。

例として3億円の中古マンションを購入した場合の節税効果をシミュレーションしてみましょう。実売価格が3億円なので固定資産税評価額は2億1000万円になります。内訳として建物を1億円、土地を1億1000万円とします。

建物の不動産取得税：1億円×3％＝300万円

土地の不動産取得税：1億1000万円×1／2×3％＝165万円

合計：465万円

所得税と住民税の合計税率を45％とすると、実に209万円（465万円×45％）の節税効果があるのです。これを4年続ければ836万円です。

前章で運用初年度は赤字になりがちと書きましたが、原因としてこの不動産取得税の存在が大きいのです。しかし、節税効果は絶大。「2年間で一気に資産10億円を狙うのも良し、4年間節税効果を味わってから到達するのも良し」といったところでしょう。

●最もリスクが小さい新築マンション1戸の5年プラン

経験上、先の2つのプランは非常に現実的で、どちらも成功の可能性は高いといえます。それでも億単位の運用は怖い――いくら理詰めの話を聞いても、この気持ちを変えられない人もいるでしょう。私も不動産業界で数多くの実績を収めていなければ、そう思うかもしれません。

ならば、もっともリスクの小さいプランとして、最初に新築マンション1戸の区分所有をお勧めします。なぜ新築なのかと言えば、なんといっても空室リスクが低いからです。不動産運用において一番怖いのは空室です。まして区分所有なら、当然ながら空室が出た段階で収入はゼロ。ローンは勤務医の給与から払うことになってしまいます。

ところが新築物件に関しては、不動産業界でも「新築プレミアム」と呼ばれるなど、よほど立地や間取りが悪くない限り空室に悩まされることはありません。「スーモ」などの不動産ポータルサイトでは、検索条件に必ず「新築」とあるのも、こだわる人が多いためです。どんなにいい物件でも空室の可能性をゼロにすることはできませんが、限りなくゼロにするには新築であることが必須条件と言えます。

さらに新築で購入すれば、売却を検討することになっても比較的スムーズに買主を見つけることができます。マンションの売り時は築20年までです。築浅で購入すればそれだけ売れる期間が長くなり、資産運用の選択肢が広がるわけです。

1戸だけでは節税効果に不安を覚える人もいるでしょうが、十分に効果は得られます。例として、先日、ある年収1500万円のドクターが購入した新築物件を紹介します。この物件は都内にあるマンションの1室で、以下のようなスペックでした。

〈物件のスペック〉
専有面積：55㎡
間取り：1LDK
最寄り駅からの距離：徒歩3分

価格：4800万円（諸経費180万円を合わせて合計4980万円）

彼は自己資金3180万円を頭金として、残りの1800万円をローンで支払うことにしました。家賃は16万8000円です。毎月の収支は次のようになります。

（支出）
ローン返済額：10万1000円
管理費：8000円
管理委託料：3500円
支払い合計額：11万2500円

（収支内訳）
16万8000円（家賃収入）－11万2500円（支払い合計額）＝5万5500円

毎月5万5500円、年間66万6000円の黒字となります。まずは純粋に資産運用として成功していることが分かります。さらにローンの金利や減価償却費、登記代、火災保険料物件などを医師としての給与と合算することで戻る税金は次の額でした。

（税金還付）
所得税還付：49万3000円
住民税減額：15万1000円
合計：64万4000円

これにより、1年目の運用の合計額は以下の金額になりました。

（収支内訳）
66万6000円（年間家賃収入）＋64万4000円（税金還付金）＝131万円

たとえ1戸といえども新築マンションを購入すれば、収益で年間60万円以上、さらに節税でも60万円以上と、合計約130万円の収益が見込めるのです。

もし、一棟買いに抵抗を感じるようであれば、最初はこのように新築マンションの区分所有物件を購入してください。思いのほか簡単に収益が上がり、さらに節税効果も実感できるはずです。

私のクライアントのうち、このパターンで不動産運用をはじめたドクターの多くは、次のようなパターンで5年後に資産10億円に到達しています。

2年目　新築マンション5戸（合計資産額2億5000万円）

↓

3年目　新築マンション5戸＋中古マンション1棟（合計資産額3億5000万円）

↓

4年目　新築マンション10戸＋中古マンション2棟（合計資産額7億円）

↓

5年目　新築マンション10戸＋中古マンション3棟（合計資産額10億円）

このパターンでは、いくつかの物件を売却してよりグレードアップした物件を購入するといった過程も必要です。しかしながら、5年間でここまで数多くの物件を所有するようになるのです。金融機関は順調にローンの返済をする収益物件のオーナーに対し、審査基準を緩くする傾向があります。そのため、ただでさえ医師は融資を受けやすいのに、さらに追加融資を受けることが可能です。

5年プランを選ぶドクターは、ほかよりも運用のペースがゆっくりしているので、その間に「勤務医を続けるか、退職して開業するか」といった将来設計もじっくり検討することができます。また、複数の物件を所有することでリスク分散ができているので、ここまでくれば簡単には赤字になりません。

このように毎年物件を買い足していくと、資産とともにローン残高も増えていきます。そのため「自分に万一のことがあったら、残された家族は多額の借金を背負うことになるのでは」と、心配するドクターがいます。しかし安心してください。不動産運用ローンの契約は、本人が亡くなる、または重度の障害者となった場合に備えて団体信用生命保険（団信）への加入が必須条件となっています。団信に加入していれば、住宅ローンの債務者に万一のことがあった場合、ローンの残金はすべて金融機関に支払われます。そのため、家族がローン返済に追われる心配はありません。それどころか、将来の安定収入が見込める収益物件が残ります。

このように、不動産運用は大きなレバレッジ効果を利用できるだけでなく、家族の将来の安心も担保する資産形成方法なのです。

第5章

「クリニック併設」「サ高住」「医療施設」……。医療と不動産を組み合わせた超高収益スキーム

急速に進む高齢化社会のニーズに医療×住居で応える

不動産がほかの投資と異なる点をもう一つ紹介します。それは現物投資ということです。投資対象そのものに価値があり、株式のように紙くずになることはありません。また、巨大地震などの災害などに遭わない限り、物理的になくなってしまうことも、ほとんどないのです。それに、万が一災害によって大きな被害が出たとしても、保険に入っていれば資産のすべてを失うことはありません。

不動産の活用方法は無限大です。たとえば、皆さんがこれから所有する不動産は、将来的に家賃収入を生むだけでなく、医師ならではの活用方法があります。それは医療と不動産を絡めた社会貢献です。

一般的に不動産のオーナーが事業展開を行う場合、業種としては不動産管理会社などの不動産関連業がほとんどです。しかし医師であれば、そのブランド力を活かしてほかにも実現できる事業展開があります。賃貸物件とクリニックの併設はもちろん、様々な形態の医療施設を開業することが可能だということです。

サービス付き高齢者向け住宅（サ高住）での活用

ニュースや新聞で報道されるように、昨今は高齢化が進む一方で高齢者向け住宅が不足しています。内閣府の「平成27年版 高齢社会白書」によると、2013年の高齢者（65歳以上）のいる世帯は2242万世帯で、全世帯の44・7％を占めています。2003年では1727万世帯でしたから、10年間で約30％も増加しているのです。

なかでも高齢者単独世帯は573万世帯（高齢者のいる世帯の25・6％）、高齢者の夫婦のみの世帯は697万世帯（高齢者のいる世帯の31・1％）となっており、半数以上が高齢者だけで暮らしていることになります。

また、総務省の「平成25年 住宅・土地統計調査」によると、高齢者のいる世帯のうち持ち家は82・7％ですが、持ち家のバリアフリー化は進んでいません。2009年以降に高齢者のために工事（将来の備えを含む）を行った世帯は全体で13・3％、高齢者のいる世帯だけを見ても20％しかありません。

「平成25年度 介護保険事業状況報告」によれば、2013年の65歳以上の第1号被保険者数はおよそ3200万人で、そのうち要介護認定者はおよそ580万人。さらに、このうちの7割以上が自宅で介護を受けています。特別養護老人ホームの入居待ちが52万人超と言われていることからも、いかに施設が不足しているかが分かります。

しかし、日本は1000兆円を超える多額の財政赤字を抱えており、人口減によって税収の増加も望めないことから、高齢者のケアを病院から在宅へとシフトさせることを目標に掲げています。2011年の「高齢者住まい法」改正によって創設された「サービス付き高齢者向け住宅（サ高住）」も、その一つです。

このサ高住は療養型病院を退院した後の受け皿としても有効なので、医師がオーナーとなるのは理想的といえるのではないでしょうか。サ高住は建物に対してだけでなく、高齢者の生活支援にも様々な優遇措置が受けられる施設です。一般的な賃貸住宅の収益のほとんどは「家賃」ですが、この住宅では4つの収益構造が実現します。具体的には「診療報酬」「介護報酬」「生活支援サービスの対価」です。

このうち介護報酬とは、サ高住の事業者が、要介護または要支援者にサービスを提供した場合、その対価として事業者に支払われる報酬です。この報酬は3年ごとに見直され、サービス事業者がサービスを提供した場合の対価は、利用者が1割、保険者（市町村）が9割の負担となります（２０１５年8月より一定以上の収入がある利用者は2割負担）。

２０１５年度に見直された介護報酬は次のようになっています。

〈身体介護が中心である場合〉

所要時間20分未満の場合：１６５単位

所要時間20分以上30分未満の場合：２４５単位

所要時間30分以上１時間未満の場合：３８８単位

所要時間１時間以上の場合：５６４単位に所要時間１時間から計算して所要時間30分を増すごとに80単位を加算した単位数

〈生活援助が中心である場合〉

所要時間20分以上45分未満の場合：１８３単位

所要時間45分以上の場合：２２５単位

通院等のための乗車又は降車の介助が中心である場合：97単位

＊単価は「単位」で表し、１単位は約10円

サービスを提供される側からすると、数多くのサービスが整っているほうが快適で、提供する側からするとより多くのサービスを提供するほど対価が得やすくなるわけです。

●注目すべき「地域包括ケアシステム」のポイント

さらに2012年、サ高住に係る介護保険法と老人福祉法の改正によって、より医師が経営すべきと考えられる状況になりました。この改正でもっとも注目すべき点が「地域包括ケアシステムの推進」です。

地域包括ケアシステムの推進によって、介護が必要になった高齢者が住み慣れた自宅や地域で暮らし続けられるように「医療・介護・介護予防・生活支援・住まい」の5つのサービスを一括的に受けられる支援体制の強化が図られることになりました。

厚生労働省では、団塊の世代が75歳以上となる2025年には後期高齢者（75歳以上）が約800万人、2042年には団塊ジュニア世代も65歳以上となり、高齢者数は約3900万人となると予測、その人口割合は増加し続けると推計しています。

このまま病院に長期入院する高齢者が増えれば、必要な治療を受けられない人が増えていく一方です。また、日常生活に支援や介護が必要な認知症高齢者も2010年の

280万人から2025年には470万人に増加すると見られています。高齢者がたとえ認知症や慢性疾患となっても地域で暮らせる仕組み作りは日本にとって必要不可欠でしょう。

今後の課題は、「医療・介護・介護予防・生活支援・住まい」の5つのサービスを円滑に提供できる体制作りと医師や介護士など専門職とのスムーズな連携です。この課題がクリアされれば入院した高齢者が早く退院し、住み慣れた自宅で生活できるようになるはずです。

国は30分以内に必要なサービスが提供できる環境を目指していますが、スムーズな在宅介護を行うには今のところ高齢者向け住宅が不足しています。たとえ大病を患っている高齢者でも在宅で暮らせるような住宅が求められているのです。

このような住宅では、利用者のニーズに合わせて適切なサービスを提供できること、さらに入院、退院、在宅医療といったように状況が変化しても利用者一人ひとりをよく理解したサービスが提供できることが重要です。

地域包括ケアシステムの「医療・介護・介護予防・生活支援・住まい」の5つのサービ

スとは次のようになります。

①医療との連携強化
②介護サービスの充実
③予防の推進
④見守り、配食、買い物などの生活支援サービス
⑤高齢者にとって快適な住まいの整備

これはすなわちサ高住の推進ともいえます。同時に、よりレベルの高いサービスが求められていくともいえます。

たとえば、24時間対応の定期巡回、随時対応サービスなどです。これは要介護高齢者の在宅生活を支援するため、昼夜を問わず訪問介護と訪問看護を連携しながら定期巡回訪問と随時の対応を行うものです。それには介護する側と看護する側、そして地域医療機関とのスムーズな連携が必須です。一般的には非常に難しいことに違いありませんが、ドクターがサ高住のオーナーとして指揮を執り、さらにデイサービスなどの介護施設を併設して

いれば実現可能ではないでしょうか。

２０１２年の介護保険法の改正では、介護を行う人材とサービスの質の向上が厳しく求められるようになりました。

たとえば、介護福祉士や一定の教育を受けた現場経験のある介護職員などは、これまで医師法で医師と看護師以外はできなかった医療行為が行えるようになりました。具体的には次の医療行為になります。

・たんの吸引（口腔内、鼻腔内、気管カニューレ内部）
・経管栄養（胃ろう、腸ろう、経鼻経管栄養）

今まで介護職員によるたんの吸引などは、緊急措置として一定の要件の下で運用されてきましたが、将来にわたってより安全な提供が行えるよう、２０１２年に法制化されました。しかし、このような行為は高齢者の命にかかわります。許可される介護福祉士などには制限が設けられ、一定の教育を受けることが義務づけられています。

また厚生労働省は、サ高住などの施設では医療関係者との連携の下で次のような体制の構築を求めています。

・状態が急変した場合の医師等への連絡体制の整備等、緊急時に適切に対応できる体制を確保

・対象者の状況に応じ、医師の指示を踏まえた喀痰吸引等の実施内容等を記載した計画書の作成

・喀痰吸引等の実施状況を記載した報告書を作成し、医師に提出

・対象者の心身の状況に関する情報を共有する等、介護職員と医師、介護職員との連携の確保と適切な役割分担を構築

・喀痰吸引等の実施に際し、医師の文書による指示を受けること

・施設内連携体制の下、業務の手順等を記載した業務方法書の作成

・医療関係者を含む委員会の設置とその他の安全確保のための体制の確保（ヒヤリ・ハット事例の蓄積及び分析体制含む）

これを読むと、密接な医師と施設の連携がいかに求められているかが分かります。

さらに国は、サ高住の建設・改修には補助金制度を設けており、平成27年度の補助率は次のようになっています。

・サ高住
新築の場合：工事費の10分の1（上限100万円／戸）
改修の場合：工事費の3分の1（上限100万円／戸）
・高齢者生活支援施設（デイサービスや診療所など）
合築・併設工事の場合：10分の1（上限1000万円／施設）
改修の場合：3分の1（上限1000万円／施設）

同様に平成27年度の税制面での優遇措置は以下の通りです。

・所得税・法人税：5年間割増償却40％（耐用年数35年未満28％）
・固定資産税：5年間2分の1以上、6分の5以下の範囲内において市町村が条例で定める割合を軽減

・不動産取得税（家屋）：課税標準から１２００万円控除／戸
・不動産取得税（土地）：家屋の床面積の２倍に当たる土地面積相当分の価格等を減額
※適用期限は所得税・法人税が平成28年3月31日、固定資産税ならびに不動産取得税が平成29年3月31日となっている。

ほかにも国は、建設に対して住宅金融支援機構の長期固定金利の融資が利用できるなどの支援策でサ高住の設立をバックアップしています。

医師が不動産オーナーとなることで、差別化が図れる

サ高住のほかにもシングルマザー向けシェアハウス、メディカルエステ、医食同源をアピールするヘルシーレストランなどドクターがオーナーであることが、そのままメリットになる施設は無数に考えられます。医師だから実現できるこうしたサービスは、不動産の持つ潜在的価値を最大化させることで周辺の競合物件との差別化が図れ、同時に社会貢献

にもつながるはずです。

このような医療・健康サービス付きの施設へのニーズは、今後、急速に進む高齢化や核家族化によってますます増大していきます。まさに、時代が必要としているのです。

また、サ高住のような介護保険事業への展開を考えるのであれば、医療法人の設立を検討すべきです。

個人クリニックでも、保険証が使える保険医療機関であれば「みなし介護保険事業者」として、居宅療養管理指導、訪問看護、訪問リハビリテーション、通所リハビリテーションなどを行うことができます（いずれも介護予防含む）。本格的な介護保険事業者である介護老人保健施設や訪問看護ステーション、デイサービスなどの指定事業者になるためには、法人格を持っていることが必要です。

医療法人の設立は、税制上や将来子どもに事業を譲る際にも有利です。

個人の所得税・住民税を合わせた最高税率は55％ですが、資本金1億円超の法人の場合は23・9％です。ただし、資本金1億円以下の場合、年800万円以下の所得金額については19％とさらに低く設定されています。さらに、2017年3月31日までは15％に引き下げられています。

また、個人クリニックの場合は「給料」という概念がないため、収入を経費として計上することはできません。しかし、医療法人なら自身を理事長、家族を理事といった肩書きにして報酬を経費にすることができるうえに、車の購入費や接待交際費など、個人経営よりも認められる経費の幅も広がります。

つまり、法人化によって勤務医としての給与と家賃収入を損益通算ができなくなるものの、別の節税が可能になるということです。

ただし勤務医、特に公的医療機関に勤めている場合は、法人の役員や理事になることが禁止されています。退職を希望しないのであれば、妻や親など生計を同一とする家族になってもらえばいいでしょう。

法人化は相続税対策にも有効です。医療法人としてのクリニックや病院は、経営者が代替わりしても相続税の課税対象とはなりません。相続税の税率は最高で55％（法定相続分に応ずる取得金額6億円超）です。10億円なら5億5０００万円です。これは決して無視できない金額ですから、子どもの将来のためにも、ぜひ頭に入れておくべきです。

法人化のタイミングは黒字経営になってから

ここで一つ理解しておきたいのが、「不動産運用の開始＝同時に法人設立」ではないということです。ドクターに限らず不動産運用をはじめると、すぐに法人化をしたがるケースが多々見受けられます。まるで法人化ありきのようです。

事業を立ち上げたならば一国一城の主。法人を設立し、「代表取締役」となりたい気持ちは十分理解できます。しかし、資産形成という意味では、すぐに法人化せずにタイミングを見定めるべきです。その主な理由は、以下の2つになります。

①法人は融資を受けにくい

最初の物件購入の前に法人化をしてしまうと、法人としての実績がないため融資の審査が通りにくくなります。法人化してから2～3年は黒字決算にしないとローンを通すのは難しいでしょう。

②給与所得と損益通算できなくなる

法人化すると収益に対する税金が所得税ではなく、法人税となるため給与所得と損益通算できなくなります。これは第3章の節税が不可能になることを意味します。

では、いつ法人化するのか。それは収益が黒字化してからです。

不動産運用というものは、最初は収支がマイナスになりがちです。物件の購入時には、不動産取得税や登記代、火災保険料、リフォーム代など様々な経費がかかるためです。しかし、これらの経費は5年後に資産10億円を実現するための先行投資です。決して無駄金ではありません。

多くの不動産運用は、はじめてから2年ほどはマイナス決算になるものです。この期間を過ぎて黒字になれば、給与所得と合算した節税をできなくなります。このときが法人化のタイミングです。

とはいえ、あくまでケース・バイ・ケースなので、法人化後の節税は事業パートナーまたは会計士、税理士とよく相談するべきです。

医師ならではの土地選び

医師に限らず、一般的に初めて収益物件を買おうとする人は、自宅周辺で探そうとします。土地勘があることや常に管理状態を確認したいからでしょう。その気持ちはよく分かります。

しかし、「駅近」で「割安」といった理想的な条件の物件は、当然ながらなかなか見つからないものです。自身の土地勘があるようなエリア内で物件を探すのは、あまりにも範囲が狭いといえるでしょう。

すでに説明しましたが、収益物件を探すならその範囲は全国、または世界に目を向けるべきです。なぜなら土地選びでもっとも重要なことは、住宅の需要が多く見込めること。たとえ空室になったとしても、すぐに次の入居者が見つかる可能性が高い人口密集地であることです。しかも収益物件の経営は、20年・30年と長期にわたるので、その時点でも人口を維持していることが必須条件になります。

ところが今後、日本の人口は減っていくことが予想されており、国立社会保障・人口問題研究所では、次のような推計を公表しています（2012年3月）。

2010年の人口1億2805万7000人を100とすると……

2025年の人口は1億2066万5000人で94・2

2040年の人口は1億727万6000人で83・8

30年間でおよそ2割減ってしまうといわれているのです。

しかし、地域によっては減少率が低いところがあります。それは東京都、神奈川県、埼玉県、千葉県の1都3県です。

東京都は2025年まで現状維持で2040年でも93・5

神奈川県は2025年まで99・6でほぼ現状維持、2040年でも92・2。

埼玉県は2025年で97・2、2040年でも87・6

千葉県は2025年で96・3、2040年でも86・2

これらの都県は、全国平均よりも減少率が低く推計されています。地方で同じように2040年の減少率が低い県は、愛知県（92・5％）、福岡県（86・3％）などです。このような数字から1都3県をはじめ大都市圏が、収益物件を経営するうえで理想的な立地であるといえます。

不動産物件に「コンセプト」を与えることで差別化が図れる

とはいえ、これはあくまで一般論です。たしかに人口が多い場所の物件を買うことは確実な戦略であり、収益物件を取り扱う不動産業者のほとんどは、この立地条件にプラスして利回りの高さを売り文句として営業を展開しています。

しかし、人口減に突入した昨今、この「立地＋利回り」だけでは黒字経営を維持するのは困難です。この2つの条件にプラスして周辺のライバル物件と差別化できる何かが必要なのです。

そして、この差別化が図れる「何か」とは、「周辺エリアの医師の数」そして「コンセプト」です。

たとえば埼玉県の例です。同県は2000年のさいたま新都心駅開業を機に、官公庁の関東地方出先機関などが進出し、ビジネス都市として急速な発展を遂げています。また、2001年には大宮市・浦和市・与野市が合併して、さいたま市が誕生。2005年には岩槻市を編入して全国で9番目に人口の多い都市となっています。

ところが、埼玉県はこの著しい人口増加に対して、病院数も医師数も追いついていないのが状況です。

厚生労働省が発表している「人口10万人対医師数」（2014年）によると、人口10万人に対する医師数の全国平均は233・6人です。都道府県別だと京都府が307・9人ともっとも多く、次いで東京都が304・5人、徳島県が303・3人となっています。しかし、埼玉県は152・8人しかおらず、ワースト1位です。

医師不足によって病院の閉鎖、診療科の閉鎖・休止、さらに救急搬送拒否などの問題が発生しており、NICU（新生児特定集中治療室）が閉鎖されたまま再開の目処が立たないといった事態も発生しています。

このように、埼玉県は日本でもっとも医師が不足している県ですが、開業の際には成功率が高いエリアともいえます。収益物件の土地探しというと、人口密度の高いエリアにばかり目がいきがちです。しかし人口が多いエリアほど物件価格も高い。ところが医師であれば人口密度と同じくらいそのエリアの「医師密度」も重要です。この基準は一般的な不動産価値とは違うので、医師にとっては魅力的な物件を安く購入することが可能になるわけです。そして将来、その物件を医療関係施設として開業すれば、不動産の価値は大きく高まります。

不動産運用で収益を上げる秘訣は、安く買ってその後に付加価値をつけることにあります。これは一般的には非常に高度なテクニックですが、医師ならば比較的容易に実現できるはずです。その付加価値が「コンセプト」です。

たとえ一般的には人気の低いエリアの物件でも、医師ならではのコンセプトがプラスされたとき、その物件は周辺のどの物件よりも収益率の良い存在になります。

医師ならではの「コンセプト」を活かした物件づくり

たとえば、シングルマザーの多いエリアなら託児所を併設した「シングルマザー向けシェアハウス」や、高齢者が多い地域なら日帰りで利用できる「デイサービス付き高齢者住宅」といったものです。

このように医師ならではのコンセプトを明確に打ち出せれば、多少、人口の少ない地方都市でも十分に経営は成り立ちます。同時に、シングルマザーや高齢者が生き生きと生活できるといった地域の活性化にも役に立てるでしょう。

逆に、いくら都心に近くいい立地でも、コンセプトのない平凡な物件では、競合に埋もれて年月とともに入居者募集が困難になります。また、どんなに画期的なコンセプトでも、過疎地のような人がそもそも少ない土地はお勧めしません。一棟だけでの集客効果には限界があるからです。過疎地には、行政による町興しなど、大がかりな仕組みがないと人は集まらないものです。ある程度の人口規模があったうえでのコンセプト選びが重要です。

将来的には海外を視野に不動産を考える

「周辺エリアの医師の数」と「コンセプト」という土地選びの視点は、何も国内に限ったことではありません。日本は、先進国のなかでは人口当たりの医師の数が少ないほうです。人口1000人当たりの医師の数は2・3人となっており、ドイツの3・9人やアメリカ合衆国の2・5人などと比較すると、まだまだ医師不足といえます。しかし、世界に目を向ければ、さらに医師数の少ない国はいくらでもあります。

たとえば、定年退職後の移住先として人気の高いマレーシアは1・2人、同じくアジア圏内で今後の成長が見込まれているタイは0・4人、インドネシアは0・2人、カンボジアは0・2人となっています。日本に比べても圧倒的に医師が少ない状況です（The World Bank「World Development Indicators 2015」より）。

また、各国の在留邦人数は次のようになっていますが、これに対して日本人の医師は不足しているようです。

・マレーシア
邦人人口：約２万２０００人（日本人医師１名程度）
注意点：日本の医師免許書換不可

・タイ
邦人人口：約６万４０００人（日本人医師３名程度）
注意点：タイの医師免許が必要

・インドネシア
邦人人口：約１万７０００人（日本人医師２名）
注意点：日本の医師免許書換不可

・カンボジア
邦人人口：約２２００人（複数の日本人医師が常駐）
注意点：日本の医師免許の書換可能

※邦人人口については「海外在留邦人数調査統計」（2015年、外務省）より。日本人医師数と注意点については「東南アジア医療事情」（2012年、田中耕太郎氏レポート）、「平成25年度 新興国マクロヘルスデータ規制・制度に関する調査」（経済産業省）を元に作成。

これらの国の一等地であれば、日常生活で困ることもないでしょう。海外で気ままにリゾートライフを送りながら、現地の日本人を対象とした開業も、タイのような国なら決して不可能ではありません。

コンセプトを立案できる営業担当の見分け方

収益物件で長期間競合物件と差別化を図るには、周辺地域のニーズに合ったコンセプトが必須であり、医師免許は強い武器になると紹介しました。

ところが、残念ながらコンセプトというものはすぐに思いつくものではありません。まして一般的な社会人よりもはるかに多忙なドクターに、そのことを考える余裕はないのではないでしょうか。

そこで頼りにしたいのが、収益物件の仲介や販売を行うパートナー、つまり不動産会社の営業担当です。しかし、すべての営業担当がコンセプト立案の達人というわけではありません。それゆえ、立地条件と利回りだけをアピールするマニュアル通りの営業手法になりがちなのです。

そこで、しっかりとコンセプトを立案できる営業担当を見分ける必要があります。

まずは、担当者の「提案力」を確認します。たとえば、「何か差別化の提案はありませんか?」と聞いたときに「ありません」と即答するようでは論外です。多少時間がかかっても、企画書を持ってくるような提案力の有無を確認しましょう。

次にこの提案が絵に描いた餅ではなく、実現可能かどうかの「実行力」を見極める必要があります。見極めの際のチェック項目には、以下のようなものがあります。

・計画実現までのスケジュールを記した工程表はあるか
・あるなら1カ月後、2カ月後にどのような状況になっているか、そして完成はいつなのか

・それまでにかかるコストやその後の収支計画に無理はないか

ここまで漏れなく説明できる実行力があれば、営業担当としてのスキルは合格といえるでしょう。

ただし、いくら美しい提案でもオーナーである医師をやる気にさせなければ意味がありません。ご存知のように不動産は高額商品です。「提案の筋は通っているけど、なんとなくやる気になれない」ということもあるでしょう。

私は経験上、その「なんとなく」の原因の多くは営業担当自身にあると考えています。たとえ計画に落ち度がなくても、その営業担当は「この人なら任せられる」と思える条件を満たしていないのです。そして、その条件とは「安心感」です。

しかし、安心を感じるポイントは人それぞれです。理詰めの説明、趣味の話、一緒にお酒を飲んでいて楽しい、子どもが同世代、医療に対する知識が豊富……、といったように、これは相性としかいいようがないかもしれません。

そのため「提案力」と「実行力」があることが判断できたら、「この営業担当に本音を話すことができるか」と自問自答してみてください。不動産運用を行う医師にとって、営業担当はまさに「女房役」です。年収や預金、そして将来の目標などをすべてさらけ出す必要があります。逆に営業する側からすると、さらけ出してもらわないと何年ローンがいいのか、どこの金融機関がいいのかといった最適な提案ができません。

営業担当はそのことをよく知っているので「本心で話してください」というスタンスで接してきます。このときに「何だか話しにくい」と感じるようなら、あなたはまだその担当を信用していないということになります。

そのときには、もう少し時間をかけてみる、上司に連絡して担当を替えてもらう、あるいは違う不動産会社へ相談するべきでしょう。

ちなみに私は、お酒が飲めるドクターならば、場合によっては軽くお付き合いをお願いすることがあります。お酒が入ればお互いに腹を割って話すようになるものです。「息子と一緒にクリニックを作りたい」「あと○○○万円あれば目標達成だ」といった話が聞けて、「ならばこうしましょう」とオフィスでは決してできなかった仕事の話ができることもあります。なかには、後日「あの晩の話で人生が変わった」と言ってくれたドクターもいました。

とにかく、不動産運用には腹を割ってじっくり話し合えるパートナーの存在が必要不可欠ということは間違いありません。

第6章

不動産投資によって資産10億円を実現した「資産家医師《ドクター》」成功事例

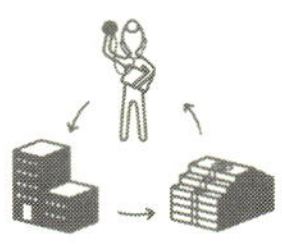

REAL ESTATE INVESTMENT

ここまで説明した通り、もはや病院のなかで患者を相手にしているだけが医者の仕事ではありません。不動産を運用し収益を上げる、そして地域への貢献がこれからの医師の使命とも言えるのです。

では、実際に資産家ドクターになった人はどのような過程をたどり、現在どのような生活を送っているのか、その成功実例を本人の声とともに紹介していきます。

【Case1】 整形外科医 K・Hさん（41歳・男性）年800万円の副収入で将来の不安を一掃

●プロフィール
勤務先の病院：私立大学病院
医師としての年収：3000万円
家族構成：妻（医師）、長女（大学受験生）、長男（小学生）

●所有している物件

・区分所有ワンルームマンション3戸（すべて都内・購入価格：各2000万円台）
・中古マンション一棟（総階数4階・購入価格：2億4000万円）

●年間キャッシュフロー
・800万円（家賃保証あり）

●物件購入時の職場環境
昔から医療業界は〝徒弟制度〟のようなものがあります。特に、私のような外科では顕著です。そのため大学での勤務は激務です。オペに当直、外勤もあり、全部こなしたうえに教授の論文の手伝いなどもしていました。

それで大学内での出世コースに乗ればいいのですが、それは一握りです。教授にならない限り給与に差はなく、たとえばたくさんの外科手術をしているベテランでも、ほとんど経験のない新人でも同じ外科手術であれば、どちらの出刀でも同じ金額しか病院は請求できません。ですからインセンティブも働きにくい。

もちろん一般のサラリーマンよりは給料はいいはずですが、私は昔からもらえば使ってしまって、ほとんど「資産」というものはありませんでした。

●不動産投資をするきっかけ

40歳を前にして結婚、子どももできたため、やはり将来に不安を感じてきました。今のうちは、まだ多少、身体の無理も利くので、夜勤でも外勤でもこなせるだけこなすことができますが、それができなくなったらどうするのか。また、妻は足が悪いため、医療費などが多くかかりますし、できれば子どもたちにも医学の道を歩んでほしいと考えると、相当なお金がいることが分かってきたのです。

そんなある日、医師である妻がある本を購入して私に渡してきました。『資産10億円を実現する　医師のための収益物件活用術』というものです。もともと妻は医師として、これからの地域医療を考え、自ら地元に医療系の施設を開設したいと考えていた節があり、興味を持って読んだようです。

私もその本を読んで著者が医師の実情に精通していることと、何よりも過去に沖縄のとある医療施設（多額の債務を抱え、倒産寸前。誰も救済者がいない状況）を助け出し、再生のサポートをしたことに共感を覚えました。そこで、本を読み終わってすぐさま著者に連絡をしました。とんとん拍子で話は進み、著者の大山さんと会うことになったのです。

●物件購入の決め手

大山さんと会ってみて、不動産のことだけでなく、医師のことも本当に詳しいので物件購入を決断しました。物件や金融のことなどの細かい知識はないから、すべてお任せです。入り口として節税は魅力的だと思いましたが、やはり長期的に資産を形成することを目的としました。

●購入決断から今までの苦労と対策

最初に区分所有で東京に3つのワンルームマンションを持ち、3カ月後には地方の中古マンションを一棟買いました。物件選びはすべてお任せです。ワンルームは東京都心なので空室の心配はありません。中古の一棟はリノベーションを前提としたもので、その計画もすべて入った提案を受けました。立地は関西の地方都市ですが、交通の要所にあります。何より近くに2つも医大があり、マンションに学生が下宿することが明らかで空室の心配がありませんでした。そうしたターゲット向けに担当者から様々なアドバイスを受けることができたんです。

たとえば、下宿をする医大生は地方の資産家の子であり、下宿先選びに親の意見が強く反映されるケースが多いため、強固なセキュリティや清潔感が重要であること。家賃は設備をきちんと整えれば、低くする必要がないこと（相場より高くても問題ないが、付加価値以上の価格設定はダメ）などです。

案の定、ある親から「ここが気に入ったが、大学通学に車での送迎をお願いできないか」と、問い合わせがきました。さすがにこちらでそこまでの準備をするのは無理だったので断ったのですが、大学の生協に問い合わせると対応可能となり、入居が決まりました。

●不動産運用の感想

短期的には節税、長期的には資産形成を目的としているので、これといって生活に変化はありません。しかし、将来に対する不安は、運用をはじめる前よりもずいぶん解消されました。もちろん、リスクがないわけではありませんが、何もしないでいるよりも断然いいと思っています。

●この先のキャリア・人生設計

医師の不動産運用による資産形成の実験台となって、後進の医師たちのロールモデルになりたいですね。今、医師はキャリアプランを描きづらい時代です。それに加え給料は一定で頭打ち状態です。

であれば自分のように不動産を運用して、病院での収入以外にも資産を作り、守る方法を見つけていくことは非常に有効だと思います。これは、身近に成功者がいないとなかなか分かりづらいと思いますが、自分が上手くいくことで、そうしたノウハウを教えることもできるでしょう。

自分は幸運にも今、勤務する病院で出世コースに乗れました。しかし、今後は勤務医を続けて上のポジションにいけなくても、こういった資産形成の方法もある、と教えていきたいと考えています。それができれば、開業するか勤務医を続けるか、という2択もなくなり、勤務医をしながら不動産で資産形成できるという第3の道が開けるのです。

また、今年（2016年）の10月には妻が地域医療の施設を開業する予定です。現在は、その施設建設がはじまろうとしていて、設計図の最終打ち合わせに入っています。

医療施設としては訪問介護、リハビリステーション、そして接骨院も併設します。さらに障害児童支援や放課後サービス、カフェ、パン屋などを含めた複合型の施設とし、医療介護者だけでなく、子どもや高齢者、障害者など、誰でも集まれる施設を目指しています。

これは妻が中心となってはじめた計画ですが、こちらでもトライブさんから開業支援を様々な形でいただいています。やはり開業に当たっては、経営や不動産などに詳しいプロのサポートがあるとないとでは全く違うと痛感しています。

【Case2】 研究支援センター勤務 I・Mさん（38歳・男性）ワンルーム16戸で絶大な節税効果

●プロフィール
勤務先の病院：私立大学医学部薬理学教室／研究支援センター
医師としての年収：1500万円
家族構成：妻（専業主婦）

●所有している物件

・区分所有ワンルームマンション16戸（すべて大阪市内・購入価格：各2000万円台）
・中古マンション2棟（関西、首都圏・購入価格：総額2億円）

●年間キャッシュフロー
・360万円（家賃保証あり）

●物件購入時の職場環境
当時は現在とは別の研究施設に勤務していました。同時にアルバイトで医師として働き、バリバリ稼いでいたという感じです。

●不動産投資をするきっかけ
アルバイトでたくさん稼いでいたので、収入には不満がありませんでした。でも、あるとき納税額を確認して、「こんなに払っているのか」と、びっくりしました。仕方ないと思う反面、ニュースなどで税金の無駄使いが取り上げられているのを見ると、なんとなくもやもやしていました。

そんなときに、放射線科の仕事を自宅で請け負っているドクターと知り合ったんです。その人は、完全な個人事業主として報酬を得ていて、必要経費を毎年申告していました。そして、その納税額を聞いて愕然としました。収入は私よりも多いのに、納めている税金が少ないのです。これこそ〝天と地〟ほどの差がありました。

そこで、すぐにアルバイト業務の事業化を検討しはじめました。具体的には、医療サービス会社を立ち上げて、その会社経由でアルバイトの報酬を得る流れを考えたのです。これなら確定申告でも経費が認められます。

アルバイト先の病院がこの方法を認めてくれるかどうかは交渉次第でしたが、幸い私の場合はすべてOK。問題はアルバイト先の継続的な確保でした。医局に勤務していればそこから紹介されますが、私の場合、そうはいきません。そこで医師の派遣会社に登録し、アルバイト先を見つけることにしたのです。

結果としては大成功でした。期待通りの節税効果が得られたのです。節税の有効性を知ると、今度は不動産運用にも興味がわきました。それまでも色々な不動産会社からしつこいくらいに営業があったのですが、何だか〝うさん臭い〟と感じてしまい、「そんなに儲かるなら自分でやればいいじゃないか」と、全く相手にしていませんでした。

ところが、個人で事業をはじめて、あることに気づいたのです。営業をしてくる不動産会社は、どこも「節税効果があります」と同じことを言っていました。それも何年間も。そして、これだけ長い期間同じことをアピールするのならインチキとも言えないのでは、と思うようになり、「こうなったら〝虎穴に入らずんば虎子を得ず〟だ」と、一度話を聞くため当時電話があった会社の担当者に会うことにしたのです。

●物件購入の決め手

すでに節税の旨味は分かっていたので、あとは担当者が誠実そうなら買ってしまおうと考えていました。幸い、担当者は熱心で問題も見当たらなかったため、話はとんとん拍子に進みました。あとは、ワンルームマンションなら頭金は10万円でいいというのが気軽だったということもありますね。

それからは、毎月のように買い増しをして3年間で16戸を所有するようになりました。現在、区分所有に限ればキャッシュフローはプラスマイナスゼロですが、帳簿上は赤字なので節税効果は絶大です。

●購入決断から今までの苦労と対策

もともと不動産投資に対してある程度勉強していたので、購入への抵抗はありませんでした。しかし、妻はかなり不安だったようです。「津波が来たらどうなるの？」「暴力団に貸してしまったらどうするの？」といった不安を10個以上突きつけてきました。彼女の説得が購入までの唯一のハードルでしたね。分かる範囲に関しては自分で回答しましたが、無理なものはリスト化して業者から証拠のデータ付きで回答してもらいました。

それから、妻には物件探しにも積極的に参加してもらいました。現地に連れていって部屋を見せて「日当たりはどう？」なんて話をするんです。そうするとワクワクするみたいで「窓からの景色がいいね」なんて。自分が住むわけでもないのに。でも、こうなったら、もう反対はされませんでした。

私のまわりのドクターでも家族に反対されて断念する人は少なくありません。でも、そのほとんどの人は、きちんとメリットについて説明しきれていないのだと思います。とにかく、どの投資よりもリスクが低いとデータを使って説明して、あとは物件見学などに参加させる。そのうえで、今の生活を維持したまま、余力で投資をすることを約束すれば、理解は得られると思います。

物件を購入してからの苦労というか、不満はキャッシュフローですね。購入後、順調に節税できていたのですが、やっぱりキャッシュフローはプラスにしたくなるものです。

そんなときにトライブに出会いました。トライブは最初からキャッシュフローがプラスになる一棟マンションを提案してくれたのです。今は、不動産投資ブームでなかなかプラスになる物件がないのですが、トライブは、現在空室がある物件をリノベーション後に一括借り上げして、プラスのキャッシュフローにしてくれるというのです。

そんなことをしたらトライブが損をするのではないか、と思ったのですが、リノベーションすることで満室になり、家賃を上げられるので、長期的にはトライブにも利益があるとのことでした。それならば理に適っていると、一気に2棟買うことにしました。

●不動産投資の感想

実は、不動産投資と同時に株とFXもやっているのですが、株などは最近の原油安の影響でかなりの損失を出しています。

その点、不動産は安定していますね。区分所有のほうは入居率100％で、昨年（2015年）末に購入した2棟では2戸空室がありますが、一括借り上げ契約なので問題ありません。管理面などで特に自分が動くこともないし、順調そのものです。

●この先のキャリア・人生設計

最初は節税だけが目的だったのですが、だんだんと資産が貯まってきました。今はもっと不動産経営を極めていきたいと思っています。そのために、トライブからもどんどん提案してほしいですね。

不動産経営を極めてどうするのかというと、貯まった資産を活用して私の専門分野でもある幹細胞の研究に集中したいと思っています。

現在は融資枠がいっぱいになってしまったので、しばらくは現状維持です。しかし、東京オリンピックの開催までは不動産相場は上がるはずなので、チャンスをうかがいながらいくつかの物件を売却し、さらに資産の拡大を狙いたいと考えています。

【Case3】血液内科医N・Aさん（33歳・男性）堅実にワンルーム3戸でスタート

●プロフィール
勤務先の病院：国立病院
医師としての年収：１７００万円
家族構成：独身

●所有している物件
・区分所有ワンルームマンション３戸（すべて都内・購入価格：各２５００万円）

●年間キャッシュフロー
・プラスマイナスゼロ（家賃保証あり）

●物件購入時の職場環境
私は地方の国立大出身なのですが、ちょうど新臨床研修制度ができた後に卒業となったので、今の都内の国立病院に研修医として勤務しました。卒業生１００人中30名が出身校の医局を選びませんでしたから、決して珍しい経歴ではないと思います。

途中で博士号を取るために社会人留学をしていますが、取得後はもとの職場に戻っています。とはいえ、医局のしがらみのない立場なので、その点では気軽でした。

●不動産投資をするきっかけ

国は今、医師・歯科医師の収入をできるだけ下げたいと考えています。特に歯科医への施策は顕著で、収入はピーク時の3分の1になったといわれています。

しかも、国の方針では医師数を増やそうとしている。そのため収入がさらに下がることは目に見えています。おそらく平均年収はいずれ1000万円くらいになるでしょう。

将来開業したいと考えている私にとって、それは少な過ぎです。ですから「早いうちに何とかしなければ」と思って、2009年に資産形成の勉強を独学ではじめたのです。

●物件購入の決め手

勉強をはじめると、不動産投資が資産形成に有効だと分かってきました。収入が安定している、インフレに強い、時間の制約がない……など、これは試す価値があると判断し、すぐにワンルームマンションを購入して、賃貸に出しました。

数年間様子を見ていると、予想通り利回りがいい。ならばもっと勉強をして、さらに資産を増やそうと手に取ったのが、大山氏の著書『なぜ医者は不動産投資に向いているのか？』です。この本を読んで、すぐに話を聞きたいとトライブに行きました。

トライブの提案は、私が若いこともあり、今は銀行に対する信用作りが大事とのことでした。まずは手頃な区分所有のワンルームマンションを3戸買って堅実に経営を続け、1〜2年後に一棟マンションを買いましょう、と。この提案で信頼できる会社だと分かったので、その通りしました。それが去年（2015年）のことです。

●購入決断から今までの苦労と対策

苦労は特にないですね。独身なので家族の反対もありませんでした。

●不動産投資の感想

今は仕込みの時期なので、赤字にならなければOKです。本気で資産形成するのは1〜2年後、マンションを一棟買いしてからだと考えています。

●この先のキャリア・人生設計

3月（2016年）に今の職場を退職して、4月から地方の在宅医療支援診療所を開業します。国は今、在宅医療を推進していますが、その強化エリアは限られています。ところが、そのエリアで開業できるチャンスを運良くつかむことができました。これも不動産投資で資金の心配がなかったからです。

また、同時に4月からロースクールにも通う予定です。ご存知だとは思いますが、最近の患者さんはセカンドオピニオンを求めてきます。これはクレームや訴訟が増えることを意味しており、実際に医療現場の裁判沙汰は増加、病院側の敗訴が続出しています。このままでは医療がどんどん萎縮してしまい、結果的に患者さんのためになりません。その対策として法律を学ぶことは必要だと考えたんです。

【Case4】内科医Y・Aさん（41歳・男性）無理のないローンでプラス収支をキープ

●プロフィール

勤務先の病院：民間病院
医師としての年収：2000万円
家族構成：妻（専業主婦）、子ども3人

●所有している物件
・中古マンション2棟（すべて関西・購入価格：総額5億円）

●年間キャッシュフロー
・300万円（1棟は家賃保証あり）

●物件購入時の職場環境
物件を購入する前月まで、現在とは別の病院で産婦人科医として働いていました。毎月100件前後の出産があるにもかかわらず、医者は5人。そのうち3人は夜勤も行い、私もその一人でした。

夜勤は週に2～3日ありました。出産は昼よりも夜のほうが多いものです。陣痛がはじまった妊婦さんが何人もいれば待機して眠れませんし、いなくても飛び込みですぐ生まれそうな妊婦さんが来ることもあります。いつ起こされるか常に気にしながら布団に入っていました。そこで携帯が〝ブルブルッ〟となり、びくっと起きる状況です。

その影響もあって不眠症、高血圧、血糖値が上がるといったように健康状態が悪化してきました。それで、これから10年、20年と続けるのは無理と判断して、もともと興味があった在宅医療を中心に行う現在の病院に移ったわけです。

●不動産投資をするきっかけ

転院先は、たまたまトライブが経営に参加する病院でした。でも、当時は不動産投資には全く興味がありませんでした。研修医の頃からどこで番号を知ったのか、営業の電話が携帯にかかっていて、正直アレルギーがあったほどです。

ところが、病院に置いてあった大山さんの本を読んでみて、まさに目からウロコが落ちました。そこには確実に利益が出る投資の世界があったのです。

投資に興味がなかったとはいえ、以前から資産形成は気になっていました。確定申告の納税額を見るたびに「なんでこんなに持っていかれるんだ」と頭を悩ませていました。それに、いくら手元にお金があっても健康状態が悪ければ意味がありません。いずれは自分のペースで仕事をしたいと考えていました。

そこで株やFX、保険など色々な投資商品をネットや本で一気に調べました。ところが不動産ほどリスクが低く、確実なものは見つからなかった。しかも、その道のプロである大山さんが近くにいる——、「もう迷うことはない」と社長に声をかけたんです。

●物件購入の決め手

決め手は大山さんの「私自身が確実な物件を紹介します」の一言でした。病院経営に参加している人が、その病院に勤務している医師をだますことはないだろう、と。

そして、物件購入の条件は「毎月のキャッシュフローがマイナスにならない」ということだけで、あとはすべてお任せしました。

●購入決断から今までの苦労と対策

最初に紹介された物件の価格は1億8000万円でした。さすがにこの金額には抵抗がありましたね。でも収支計画書を見ると、しっかりとキャッシュフローがプラスになるし、ローンの返済にも無理がない。しかも現状が満室で、前オーナーがリノベーションをしたばかりなので追加費用も必要なさそうでした。だいたい1週間くらい考えてから購入を決意しました。

心配したのは妻の反応です。物件購入を妻に報告すると、案の定反対されました。投資というもの自体に抵抗があったようです。

そこで、現在満室であること、収支計画に無理がないこと、さらに団体信用生命保険に加入するので私に万一のことがあっても借金は残らないことなどを説明し、納得してもらいました。特に団信は決め手だったようです。私としては微妙な気持ちですけど……。

金額的にローン審査が通るかも心配だったのですが、こちらはあっさりOKでした。医師という肩書きの強さを生まれて初めて実感した瞬間です。

2棟目はそれから4カ月後に購入しましたが、こちらも当時満室でローン審査もすんなり通ったので、何の不安もありませんでした。

●不動産投資の感想

実は今、一部屋の家賃滞納が続いています。これが一番の悩みですね。とはいえ、担当者がよく動いてくれて分割払いなどの交渉をしていますし、大山さんにも直接相談できるので、最終的に泣き寝入りになることはないと思っています。

良かった点としては、投資に対する抵抗感がなくなったことです。今まで仕事ばかりしていて趣味に割ける時間もなく、お金は貯まるばかりでした。しかし、これではもったいないということに気づいたんです。お金は寝かせるものではない、運用して増やせば将来の選択肢が広がります。

本当はあと10年早く気づけば良かったと思っています。30歳ではじめれば30年ローンの完済時には60歳、それからでも色々な人生設計が描けます。でも、40歳ではじめたので完済時は70歳、この差は大きいと今さらながら感じています。

●この先のキャリア・人生設計

できるだけ早いうちにセミリタイアしたいですね。週の半分は働いて、あとは子どもと遊ぶ時間を増やすとか、畑を借りて自給自足も目指したいと思っています。今は自宅の庭の家庭菜園ですが、畑は手をかけるほどたくさん実がなります。土をいじっていると本当に癒されます。

あと、もう少し趣味に割く時間がほしいですね。私は車の運転が大好きで、今はＢＭＷのＭ４に乗っています。たまにですが、高速道路でアクセルを思いきり踏む瞬間はたまりません。次の物件を手に入れることができたら、ポルシェの９１１かＢＭＷのｉ８を買いたいと思っています。

自分らしいドクター人生を歩むには？

私が見てきた多くのドクターは、そのことに気づいてもなかなか行動できずにいました。開業を夢見ながらも、現状の過酷な環境で走り続けようとするのです。

もちろん、一番の理由は人命を扱う責任から、自分の都合で患者に迷惑をかけてしまうのが嫌だということでしょう。しかし、そのほかにも、医師を目指してきた人ならではの経緯があるようです。

私の知人に大学のキャリアカウンセラーがいるのですが、彼に話を聞くと、現在ほとんどの大学では1年生のカリキュラムにキャリアデザイン講座が設けられ、そのなかで適職診断テストを受けさせているそうです。就職活動に向けて「自分がどういう人間なのか」

「何がしたいのか」「どんな職業に向いているのか」を約3年かけて掘り下げていくためです。それによって、学生の多くは自分自身と向き合い、自分らしい人生設計を描けるようになります。

しかし、ほとんどの医学部では学生に対してこのようなキャリア教育は行われていません。なぜなら、ほとんどの学生は、大学に入った時点で医師になることを決めており、就職活動をしなくても就職率はほぼ100％だからです。入学後に悩むとすれば専門診療科を何にするかということですが、それも医師国家試験に合格した後、2年間の初期研修中に考えればいいことです。

つまり、多くは自身と向き合うことなく「医師としての責任を果たすことが当たり前」とされてきたのです。そのため、医師である以前に一人の人間として、どのような人生を歩みたいのかを考えることなく現在もがんばり通している、というケースが多いのです。

どのような人生を歩むかは人それぞれです。誰も個人の転職や転科を否定することはできません。ただし、それを実行することはこれからの人生を左右する非常に大きな決断になるはずです。前述のように、もし、学生時代に広い視野で将来を考えたことがなかったのなら、ここで一度立ち止まり、どちらの人生を歩むのか検討してみてください。

A　たとえ激務で自分を犠牲にしてでも医師としての任務を全うする

B　ワーク・ライフ・バランスを重視して家族や自身の人生を大切にする

Aはすなわち現状維持を意味しますが、本書を手に取ったのであれば大前提として現状を変えたいと考えているはずです。そしてBに関しては、自分で仕事量をコントロールし、自由な時間を確保することを指します。つまり、それには開業が最短距離ということです。私の経験上からも、仕事もプライベートも充実しているドクターは、ほとんどが開業医です。そして彼らは「開業してから収入が増えた」「激務から解放されたことでストレスが減った」と生き生きしています。

不動産投資を使って資産10億円を実現する

このように不動産運用によって世間のイメージ通りの「資産家ドクター」へと転身を果たした医師は数多く存在します。そのほとんどが開業医です。前出の厚生労働省のデータによると、民間病院の院長の平均年収は2930万円、最も低かった診療所の勤務医の平均が

1215万円ですからおよそ2・5倍の金額です。

私が知っているなかにも、年収3000万円どころか5000万円を超える開業医がいますが、皆さん院内政治に振り回されることなく、収入や仕事量をある程度コントロールしながら生活をしています。

その結果、プライベートが非常に充実し、ある人はフェラーリやランボルギーニなどのスーパーカー収集を趣味として、毎晩のように湾岸線を走っています。また、ある人は釣りを生きがいとして、時間を見つけては海外でのトローリングに没頭しています。

なかでも特徴的なある医師（41歳）を紹介して本書の終わりにしたいと思います。

彼はもともと形成外科病院の勤務医でした。毎日、午前診が長引き、昼食を取る時間は20分あればいいほうだったといいます。

その後、午後診が終わって医局に戻ると、今度は廊下には製薬会社のMR（医薬情報担当者）が3～4人待ち受けていたそうです。本来であればカルテやカンファレンスに充てたい時間でしたが、MRたちの話を聞かないわけにはいきません。すると、いつの間にか深夜になり、帰りの車中でコンビニのおにぎりを食べる——。さらに週に2回は当直があり、当直明けは1日勤務が当たり前です。そんな不規則な生活が続いたため、彼は医師になって10年で20kgも太ってしまいました。

この医師は男の私から見てもイケメンです。話をした感じも気さくで好感の持てる男性です。実際、大学生の頃は複数の女性と同時にお付き合いをしていたこともあったほどモテていたそうです。

ところが、勤務医となった彼には数年間彼女がいませんでした。

「もう耐えられない――」。我慢に我慢を重ねた彼は、ついに30代半ばで美容整形外科医になることを決意、つまり「自由診療分野」に転科することにしたのです。通常、2割または3割負担となる「保険診療分野」では、価格競争にならないよう、国によって様々な制約が設けられています。一方、自由診療では価格設定も集客方法も文字通り自由です。

彼は2年間ほど大手美容整形外科クリニックに勤めてノウハウを吸収し、その後独立しました。美容整形は、医療行為のなかでも特に広告による集客効果が高い分野です。そのことを前職で痛感していた彼は、開業初年度から数千万円をかけて雑誌やインターネットに広告を打ち出しました。

その結果、彼のクリニックは大盛況を収め、開業2年目で年収は3000万円を超えました。現在は腕のいい医師を数人雇っているので、自身がメスを握らなくても安定した収益を上げられるまでになっています。

ところが、彼は今現在も精力的に仕事をこなしています。やっと時間もお金も自由に使えるようになったのになぜ働くのか、その疑問に対して彼は「仕事が好きだから」と答えました。勤務医時代は激務に耐え、仕事をこなすことだけを目標に働いていたが、現在は患者が喜ぶ顔が見たくて仕方がないというのです。

もちろん、プライベートも充実しています。自分の時間もしっかりスケジューリングし、仕事終わりや休日には趣味のワインとサーフィンを楽しんでいます。ワインに関しては、ワインエキスパートの資格を取得し、定期的に多数の著名人と東京ミッドタウンの一室などで楽しんでいるそうです。また、年に一度はフランスやイタリアに赴いてワイナリーを訪ね、お気に入りのワインを見つけてはまとめ買いしてくることもあるといいます。

サーフィンは、転科した美容整形外科クリニックの先輩に誘われてはじめたそうです。もともと運動神経には自信があったのですが、初回はボロボロで波に揉まれてばかり。全くボードに立てなかったそうです。しかし3週目に立てるようになると、すぐにサーフィン道具を一式揃えて、車もフォルクスワーゲンのSUV「Touareg」に買い替えました。

勤務医の頃は、車を通勤にしか使っていなかったのに、転科を機に毎週海までドライブができるようになったことが本当に嬉しかったそうです。車はほかにもベンツGクラス、レンジローバー、キャデラックエスカレードといったSUVや、街乗り用にベントレーのコンチネンタルGTコンバーチブルも所有しています。私から見れば同じようなデザインの車でも、それぞれに個性があって楽しいのだそうです。

そして、翌年には南房総を見下ろす高台に別荘を建て、今もサーフィン仲間数人と一緒に腕を磨いています。最近は小さな大会にも出場し入賞も果たしたとか。

また、年に2回はクルーザーをチャーターし、インドネシアで2週間ほどサーフィンを満喫。日本では決して出会えないコバルトブルーのチューブ波に入ると、頭が真っ白になって、何ものにも代え難い爽快感を味わえると満面の笑みで話していたのが印象的でした。現在は体重がもとの状態にまで戻り、さらに筋肉もついて理想的なカラダになっているそうです。

彼は昨年2つ目のクリニックを開業し、年収は美容整形だけでも5000万円以上、その他の事業収入を加えると1億円を超えています。資産総額は所有する不動産を含めて10億円強といったところです。

おわりに

本文中にも書いたように、資産運用には「やる」リスクと「やらない」リスクがあります。どのような種類の資産運用でも、一度はじめてしまえば必ず損をする可能性があることは間違いありません。預金でさえ、ペイオフによって一つの金融機関当たり1000万円までしか元本とその利息は保証されないのです。株式などそのほかの方法なら、元本保証どころか投資した金額がゼロになることも十分あり得ます。

一方で、高齢化などに伴う増税が今後も続く見込みの日本では、やらないでいることも大きなリスクになります。「やる」もリスク、「やらない」もリスク。一体、私たちはどちらを取ればいいのでしょう？

その答えは確率にあると思います。資産は運用をやらないでいたら、インフレや増税などによってほぼ100%目減りします。すなわち確実にリスク＝損をする可能性があるのです。しかし、やるリスクは100%ではありません。選択する方法によってその確率は大きく変化します。

たとえば株式。誰もが知る大手企業が頻繁に倒産する昨今でも、株式は投資した金額が目減りする可能性は100％ではありません。むしろ値上がりする可能性があるから株式市場は成り立っています。とはいえ、投資した資金がゼロになる可能性も100％ではないといえます。ＦＸなど、そのほかの多くの資産運用方法も同じようなものです。

ところが、ほぼ確実に価値がゼロにならない運用対象も少ないながら存在します。メジャーなところでは、金や不動産といったところでしょうか。前者は売却によって利益を生むので安定した収入とはなりません。しかし、不動産は毎月家賃収入があり、そのうえ売却時の金額がゼロになることはほとんどあり得ません。考えてみてください。たとえば東京23区内に土地を持っていて、その価値がゼロになることがあるでしょうか。

つまり、資産運用を「やる」リスクは、選択する方法を間違わなければ、限りなくゼロに近づけることができるのです。

正しく選択する方法は本書で紹介しました。具体的に何を選択するかはあなた次第です。

私たちの会社は今後、さらに医療業界へ貢献できるように様々なプロジェクトを仕掛けていきます。

本書を読み、私たちの事業に対する姿勢に共感を持ってくれたドクターがいましたら、ぜひ一緒にプロジェクトを立ち上げていきましょう。そして、ドクターという人生を楽しもうではありませんか。私たちはその一助となることを何よりの喜びとしています。

大山一也
西川晃司

２０１６年４月

ブックデザイン　金澤浩二
カバーイラスト　平尾直子

西川晃司（にしかわ・こうじ）

公認会計士・税理士。MBA経営学修士。1979年生まれ。公認会計士西川会計事務所代表、Soegi GroupグループCEO。2002年に公認会計士試験合格、卒業後約8年間にわたり大手監査法人にて会計監査、上場準備会社の支援、企業再生、M&A支援等に従事。2010年に同監査法人を退所、公認会計士西川会計事務所を創業後、2015年に総合コンサルティングファームであるSoegi Groupを設立し、多角的な経営サポートを行っている。総担当クライアント数は東証一部上場企業から中小零細企業まで数百社に及び、近年は特に医療法人の設立や医師の独立支援を多数手掛ける。著書に『資産10億円を実現する医師のための収益物件活用術』（幻冬舎）がある。

〈著者プロフィール〉

大山一也（おおやま・かずや）

1979年生まれ。東京の不動産投資会社にて、土地売買からアパート、マンション、ビル建設までを幅広く手掛ける。2010年に株式会社トライブを共同で設立。翌2011年、同社代表取締役就任。2016年4月よりホールディングス化に伴い、株式会社トライブホールディングスを設立し、同社代表取締役に就任。社団法人日本IFP協会理事。医療法人社団泰成会理事。不動産と医療は密接に関係してこそさらに社会に貢献できる、という持論の下、高収益と高付加価値を同時に実現する独自の不動産物件を多数手掛ける。自らも倒産しかけた不動産案件、医療法人に助力し、多くの再建、再生を行っている。また、新たな医療法人の立ち上げにも参画し、地域医療の活性化に努めている。著書に『なぜ医者は不動産投資に向いているのか？』『資産10億円を実現する医師のための収益物件活用術』（いずれも幻冬舎）がある。

資産家ドクター、貧困ドクター
不動産運用の成功者と金融のプロが教える医師のための錬金術

二〇一六年四月二七日　第一刷発行

著　者　大山一也　西川晃司

発行人　久保田貴幸

発行元　株式会社　幻冬舎メディアコンサルティング
〒一五一-〇〇五一　東京都渋谷区千駄ヶ谷四−九−七
電話　〇三-五四一一-六四四〇（編集）

発売元　株式会社　幻冬舎
〒一五一-〇〇五一　東京都渋谷区千駄ヶ谷四−九−七
電話　〇三-五四一一-六二二二（営業）

印刷・製本　シナジーコミュニケーションズ株式会社

検印廃止

Printed in Japan　ISBN978-4-344-97475-3 C2033
幻冬舎メディアコンサルティングHP　http://www.gentosha-mc.com/